Jakob Streit

Louis Braille

Jakob Streit

Louis Braille

Ein blinder Junge erfindet die Blindenschrift

Mit Illustrationen von
Christiane Lesch

Verlag Freies Geistesleben

Jakob Streit wurde am 23. September 1910 in Spiez am Thunersee geboren und wuchs mit fünf Geschwistern und mit großen und kleinen Tieren auf. Er besuchte das staatliche Lehrerseminar und fand im Berner Oberland seine ersten Stellen. Jakob Streits erste Bücher entstanden in der Schule, im lebendigen Umgang mit den Kindern. Seither erfreuen sich seine Bücher bei den Kindern großer Beliebtheit. Jakob Streit starb am 15. Mai 2009. Im Verlag Freies Geistesleben sind erschienen: *Puck der Zwerg, Tatatucks Reise zum Kristallberg, Tiergeschichten, Kleine Biene Sonnenstrahl, Kindheitslegenden. Kindheit und Jugend Jesu, Miriam zu Bethlehem, Das Osterlamm, Ich will dein Bruder sein, Sankt Nikolaus, Und es ward Licht, Ziehet hin ins gelobte Land, Lasst uns den Tempel bauen, Unsichtbare Wächter, Louis Braille* sowie das Jugendbuch *Milon und der Löwe.*

8. Auflage 2026

Verlag Freies Geistesleben
Landhausstraße 82, 70190 Stuttgart
www.geistesleben.com

ISBN 978-3-7725-1631-3

Bei Fragen zur Produktsicherheit wenden Sie sich bitte an
info@geistesleben.com
Einbandillustration: Christiane Lesch
Druck: GGP Media GmbH, Pößneck
Printed in Germany

MIX
Papier | Fördert gute Waldnutzung
FSC® C014496

Druckprodukt mit finanziellem
Klimabeitrag
ClimatePartner.com/53248-2602-1005

Inhalt

Wie das Unglück in der Werkstatt geschah

Der kleine Knabe Louis hatte vom Vater zum dritten Geburtstag, aus dickem Leder geschnitten, ein Spielpferdchen bekommen. Es war zwar klein und schmal und flach, aber es konnte stehen. Das Vorder- und das Hinterbein waren in ein Holzbrettchen eingefügt. Louis hatte dem Pferd mit farbigem Wollgarn Zügel angebunden.

Vater Simon führte eine Sattlerwerkstatt. In allen Ecken lagen abgeschnittene Lederreste. Er konnte nämlich gute Sättel anfertigen. Mancher Reiter kam von weit her mit seinem Pferd. Vater Simon nahm am Rücken des Pferdes Maß und schaute genau, wo sich die Knochen hervorwölbten. Denn seine Sättel sollten dem Pferde gut aufliegen, damit es beim Reiten keinen Schmerz erleiden müsste. Wenn Vater Simon in der Werkstatt arbeitete, durfte der Knabe Louis ihm zusehen. Warf der Vater ein Lederstück weg, so hob Louis es auf und führte es an die Nase. Er roch so gerne Leder.

Einmal fragte er: «Vater, warum riecht das frische Leder so gut?» Und der Vater antwortete: «Die Lederhaut kommt vom Fell des Rindes. Die Häute würden verfaulen wie das Fleisch, wenn man sie liegen ließe. Aber der Gerber nimmt solche Häute und putzt sie sauber, dann reibt er sie mit gemahlener Rinde vom Eichbaum ein. Die Eichenrinde riecht so gut. Viele Tage legt er die Häute in Eichenrinde-Wasser, und das macht das Leder geschmeidig.»

«Vater, darf ich später auch Sattler werden?», fragte Louis. «Dann kann ich immer Leder riechen.»

«Ja, wenn du etwas größer bist, kannst du mir helfen», sagte Vater Simon. «Aber schau, all meine Messer und Stechahlen sind sehr scharf. Da könntest du dir einen Finger abschneiden. Diese Werkzeuge darfst du nicht anrühren, bevor du etwas älter bist und mehr Kraft hast.»

«Ja, Vater», erwiderte Louis, und er sah, wie der Vater eben auf einem Brett mit einem scharfen, spitzen Messer einen Riemen schnitt.

Eine Woche später fuhr der Vater weg, um Leder einzukaufen. Der kleine Louis begab sich in die Werkstatt, er wollte mit dem Lederpferdchen spielen. Da entdeckte er auf der Werkbank ein spitzes zweischneidiges Messer. Louis dachte, jetzt bin ich schon stärker und größer als vorige Woche. Aus einer Ecke holte er ein Stück Leder, stellte sich an die Werkbank und ergriff das Messer. Das Lederstück war hart. Louis wollte es entzweischneiden. Mit einer Hand hielt er das Leder, mit der andern stemmte er das Messer fest hinein. Da rutschte die Klinge ab und stieß ihm ins Auge. Furchtbarer Schmerz! Ein Schrei! Das Messer fiel zu Boden. Louis presste die Hände auf das durchstochene Auge. Auf das Geschrei hin kam die Mutter

aus der Küche herbeigelaufen. Sie nahm den Knaben auf die Arme, trug ihn in die Kammer und legte ihn auf sein Bett. «Sei ruhig, ganz ruhig, mein Lieber! Nimm die Hände vom Auge weg, sie sind schmutzig. Ich will dir das Blut abwischen, und dann koche ich einen Augentee und mache dir einen Umschlag.» Als Louis immer noch wimmerte, tröstete sie ihn: «Ruhig, ganz ruhig! Der Augentee wird dir den Schmerz nehmen!»

Als die Mutter hinausging, bemerkte Louis, dass er sie nur mit einem Auge sah. Es dauerte eine Weile, bis sie zurückkam. Sie tunkte ein Stück weißes Linnen in den heißen Tee und schwenkte es zum Abkühlen in der Luft hin und her. Dann legte sie es zusammengefaltet auf das verletzte Auge. «Es brennt», wimmerte der Knabe. Die Mutter bat eine Nachbarin, den Dorfarzt zu holen; denn sie wollte Louis nicht allein lassen. Sie setzte sich zu ihm ans Bett und sang leise die Lieder, die er immer wieder gerne hörte. Dann erzählte sie ihm die Geschichte vom gestiefelten Kater. Endlich kam der Arzt. Er untersuchte das Auge, schüttelte den Kopf. Er holte etwas Salbe aus seinem Köfferchen, strich sie auf ein Tüchlein, legte einen Verband um das Auge und um den Kopf. Durch den Schmutz, der mit dem Messer und mit Louis' Händen in die Augenwunde gekommen war, bildete sich eine schmerzhafte Entzündung. Weder die Mutter noch der Arzt konnte verhindern, dass die Entzündung auch auf das andere Auge übergriff. Wenn die Mutter bei Louis am Bett saß, war ihm, als ob ein Nebel vor das liebe Antlitz der Mutter zöge. Er konnte ihr Bild nicht mehr sehen, wenn sie ihm Lieder sang und Geschichten erzählte. Vater Simon sah er nur mehr wie einen Schatten. Er brachte ihm das Lederpferdchen ans Bett. Louis streichelte es immer wieder und roch die Eichenrinde. Es schlief mit ihm auf dem Kopfkissen.

Es kam der Tag, da Louis fragte: «Mutter, es ist schon so lange Nacht. Wann kommt die Sonne, wann kommt der Tag?» Die Mutter nahm Louis auf den Schoß. Wie sollte sie ihm sagen, dass er für immer blind war? «Lieber Louis», antwortete sie zögernd, «du musst lernen, mit deinen Fingern zu schauen. Spür meine Haare, spür meine Ohren, meine Nase!» Da strich Louis der Mutter sachte über die Haare. Ganz fein tasteten die Finger in die Ohrmuschel, fuhren über die Wangen zur Nase. «Mutter», sagte Louis, «deine Wangen sind unter den Augen ganz nass. Warum weinst du?» – «Lieber Louis! Ich bin traurig, dass du die Sonne nicht mehr sehen kannst. Aber ich werde dir oft vorsingen und Geschichten erzählen. Die Nachbarin hat mir für dich ein junges Kätzchen versprochen; das kannst du alle Tage streicheln.» – «Mutter, ich freue mich auf das Kätzchen! Gelt, sie bringt es morgen?»

Der blinde Knabe

Im Hause konnte Louis sich bald zurechtfinden, treppauf, treppab. Er lernte den Tisch decken, wusste, an welchen Platz die Schüssel, die Teller und Tassen hingestellt wurden. An Mutters Hand ging er zum Dorfbrunnen Wasser holen. Unbedingt wollte er den leeren Kessel tragen. War er voll, trug er ihn gemeinsam mit der Mutter heim in die Küche.

Vor dem Haus gab es eine kleine Bank, da saß Louis oft allein und lauschte den Vögeln. Sie sangen in der Linde neben dem Haus. Louis versuchte ihre Stimmen nachzupfeifen. Wenn ein Bauernkarren auf der Straße vorbeifuhr, winkte er und rief «Guten Morgen» oder auch «Guten Abend!» Und die Fuhrleute antworteten ihm. Seine Ohren wurden so fein, dass er bald viele Leute an ihrer Stimme erkannte und sie beim Namen nannte. Oft hielt er das Kätzchen auf dem Schoß und spielte mit ihm. Alle Leute im Dorf liebten den kleinen, freundlichen Louis. Vater Simon hatte ihm einen langen Stock geschnitten; mit diesem konnte er allein durchs Dorf wandern. Damals gab es noch keine Autos, nicht einmal Fahrräder. Im Gehen bewegte er immer den Stock vor sich hin und her, um Hindernisse zu bemerken.

Ein Jahr war herumgegangen. Einmal saßen die

Mutter und Vater Simon in der Küche beisammen. Leise hörten sie von draußen Louis eine Vogelmelodie pfeifen. Der Vater sah ernst hinüber zur Mutter, die Kartoffeln schälte. «Was wird aus unserem lieben Louis werden, wenn wir nicht mehr da sind?», sagte er. «Muss er von Tür zu Tür betteln gehen um etwas Essen? Wer wird ihm Kleider und Schuhe geben?»

Mutter Braille wischte sich eine Träne ab; dann aber sagte sie: «Er ist so klug und hat so geschickte Hände. Er kann dir doch in der Werkstatt ein wenig helfen. Bring ihm bei, wie man Lederstreifen zu Zügelriemen flicht! Er kann sicher auch fertige Ledersättel mit Wachs polieren.»

Draußen sang Louis ein Kinderlied:

Wenn der Reiter auf dem Pferde saust,
Und der Wind durch alle Bäume braust,
Fliegt er über Stock und Stein,
Reitet froh im Sonnenschein!

Plötzlich kam Louis in die Küche und verkündete freudig: «Jetzt hab ich gesungen und plötzlich hat mir die Sonne in die Hände geschienen. Mutter, fühle, sie sind ganz warm!» Und er tastete zur Mutter hin, legte seine Hände auf ihre Wangen und wärmte sie. «Mutter, jetzt habe ich dir Sonne geschenkt, weil du immer so lieb bist zu mir!» – «Louis, willst du mir heute in der Werkstatt helfen, den neuen Sattel mit Wachs zu polieren?», schlug Vater Simon vor. «Am Nachmittag kommt der Reitersmann und holt ihn ab.» Da erwiderte Louis freudig: «Ja, Vater, das tu' ich gerne! Wachs riecht so gut!»

Bald saßen die beiden in der Werkstatt, und Vater Simon zeigte ihm, wie man an ein Tüchlein etwas Wachs nimmt und damit das Sattelleder poliert. Louis tat das so fein und geschickt, dass der Vater staunte. Wenn Louis mit dem Lappen so hin und her fuhr, sprang das Kätzchen zu ihm und biss in den Lappen. Dann lachte Louis und strich ihm zwischendurch mit seinen Wachshänden über das Fell. So roch auch das Kätzchen gut. Auf einmal fragte er: «Vater, woher kommt das Wachs? Es riecht so schön! Es riecht noch schöner als das Leder.»

Vater Simon erzählte bei seiner Arbeit: «Das Wachs schenken uns die Bienen. Sie holen den Honig bei den Blüten. Im Bienenhaus klammern sich an die hundert Bienen zu einem Klumpen zusammen. Das gibt Wärme. Sie summen und schwitzen, summen und schwitzen. Dann kommt der zu Wachs verwandelte Honig wie kleine Schuppen zwischen ihren Leibringen heraus.» – «Vater, warum haben wir keine Leibringe?», meinte Louis. «Dann könnten wir Honig essen und selber Wachs herausschwitzen.» Vater Simon lächelte. Was dem Louis nicht alles in den Sinn kam! Er antwortete: «Gott hat die Bienen für Honig und Wachs geschaffen, die Hühner fürs Eierlegen, die Kühe für die gute Milch.» – «Und die Pferde zum Reiten!», ergänzte Louis. «Aber wozu hat Gott die Menschen erschaffen, Vater?» «Er hat die Menschen zum Arbeiten erschaffen», antwortete Vater Simon, «und damit jemand die schöne Schöpfung sieht und sie bewundert ...» Vater Simon schwieg plötzlich. Louis starrte mit den blinden Augen ins Leere, und er hörte auf zu polieren. Nach einer Weile sprach er leise vor sich hin: «Und Gott hat die Menschen auch dazu erschaffen, dass sie Blumen und Wachs und Leder riechen können, dass sie die Glocken der Kirche hören und das Orgelspiel und das Singen. Er hat uns auch die feinen Finger gegeben, die das Kätzchen streicheln können, die liebe Mutter und den Vater und den Sonnenschein, der unsere Hände wärmt, und er hat gemacht, dass wir im Wasser plätschern können und im Wald die Baumrinde spüren und das weiche Moos, den Wind brausen hören, den Donner rollen ... O Vater, wie reich und schön ist die Welt!» Und Louis begann wieder, am Sattel zu polieren, bis Vater Simon sagte: «Jetzt ist's genug. Das hast du wunderbar gemacht, mein lieber Louis.» Er umarmte ihn und drückte ihn eine Weile an seine Brust. Louis war glücklich und meinte: «Gelt Vater, wenn wir Bienen wären, käme jetzt Wachs heraus.»

Ein Reiter kommt zu Besuch

Als Louis am Nachmittag auf der Bank vor dem Hause saß, hörte er den Hufschlag eines Pferdes. Es blieb in der Nähe stehen. Der Reiter stieg ab und band das Pferd an einen Pfosten. Mit etwas rauer Stimme fragte er: «Ist der Vater zu Hause?» Louis antwortete: «Ja, guten Tag, Herr Reiter! Er ist in der Werkstatt.» Louis grüßte alle Leute, wie es ihn die Mutter gelehrt hatte.

«Ich will dem Herrn den Weg zeigen!» Der Knabe hatte sich erhoben, fasste den Reitersmann bei der Hand und führte ihn. Dieser hatte plötzlich bemerkt, dass der Knabe blind war, und schritt etwas verwundert Hand in Hand mit ihm zur Werkstatt. Dort setzte sich Louis in die Ecke auf seinen Stuhl. Nun hörte er, wie der Vater den Mann begrüßte, den neuen Sattel vorzeigte. Der Reiter war zufrieden und sprach: «Wir wollen ihn mal dem Pferde aufsetzen.» Damit begaben sich die Männer hinaus, Louis hinterher. Der Sattel saß tipptopp. Louis fragte: «Herr Reiter, darf ich das Pferd streicheln, ist es fromm?» Der Reiter antwortete: «Ja ja, Kinder hat es gern. Es ist frömmer als ein Dorfpfarrer.» Der Reiter hob den Knaben auf seine Arme und näherte sich mit Louis dem Kopf des Pferdes. Dieser spürte, wie der warme Atem an ihn heranwehte.

Seine feinen Hände tasteten über den Pferdekopf, und er küsste es auf die Nase. Dann fuhren seine Hände in die Mähne, kraulten bei den Ohren. «Oh, wenn ich einmal reiten könnte!», dachte er. Als der Reitersmann den Knaben auf den Armen hielt und dieser sein Pferd so liebkoste, wurde ihm warm ums Herz und er sprach: «Wenn der Vater erlaubt, reite ich mit dir eine Runde durch das Dorf.» Da umarmte Louis den Reiter, jubelte und gab ihm einen Kuss auf den Schnurrbart. Der Reiter übergab den Knaben dem Vater, löste die Riemen vom Pfosten, schwang sich in den Sattel, und Vater Simon reichte Louis hinauf. Mutter Braille war auch herausgetreten und mahnte: «Monsieur Bigot, bitte, reitet sanft mit ihm!» Und sie spaßte: «Gute Reise nach Paris!» Louis saß vorne im Schoße des Reiters, und das Pferd begann sanft in die Dorfstraße zu schreiten. Als sie bei der Bäckerei vorbeiritten, rief eine Stimme: «Louis, halt dich fest! Wohin geht's?» Louis erwiderte: «Bäckersfrau, wir reiten nach Paris, ade!» Plötzlich fing eine Kirchenglocke an zu läuten. Louis jubelte: «Monsieur Bigot, hören Sie? Die Kirchenglocke freut sich auch, dass ich reiten darf!» Der Reitersmann rief dem Pferd etwas zu, und es begann zu traben. Wie das hopste und schüttelte. Louis kam nicht aus dem Lachen heraus. Schon ritten sie aus dem Dorf hinaus. «Noch schneller!», bat Louis. Der Reitersmann schnalzte mit der Zunge, und plötzlich galoppierte das Pferd auf einen Feldweg. Louis' Haare flogen im Wind, und die Kirchenglocken klangen immer ferner. Dem Reitersmann gefiel es, dem Knaben Freude zu machen. Plötzlich setzte das Pferd über einen Wassergraben, wiederum im Sprung über einen Zaun. Als es sanfter trabte, fragte Louis: «Sind wir bald in Paris?» Der Reiter lachte und antwortete: «Bald sind wir wieder bei dir zu Hause.» Wirklich, Louis hörte plötzlich den Dorfschmied hämmern, dann roch es nach frischem Brot bei der Bäckerei. Das Pferd stand still und wieherte. Als der Vater den Knaben vom Pferd herunterhob, strahlte und glühte er vor Freude. Er umschlang die Beine des Reiters und sprach: «Monsieur Bigot, ich danke tausendmal für das Reiten! Bitte geben Sie dem lieben Pferd von mir jeden Abend vor dem Schlafengehen einen Kuss!»

Der junge Pfarrer

Einst saßen die Eltern mit Louis zu Tische. Die Mutter erzählte: «Ich habe gehört, es kommt in unsere Dorfkirche ein neuer Pfarrer. Der alte zieht in die Stadt, und morgen hält der neue zum ersten Mal den Gottesdienst: eine Predigt und eine Messe.» – «Spielt dann auch die Orgel?», fragte Louis. – «Ja», antwortete die Mutter, «und der junge Pfarrer soll schön singen können.» – «Mutter, darf ich mitkommen und ganz vorne sitzen, damit ich die schöne Stimme des Pfarrers gut hören kann?» – «Ja, Louis, du darfst mitkommen. Vater geht auch mit.» – «Dann setze ich mich zwischen euch. Wenn seine Stimme schön klingt, drücke ich euch die Hände. Ich höre so gern liebe, schöne Stimmen!»

Am Sonntag saß Familie Braille ganz vorne in der Kirche in der Nähe des Altars. Als die Orgel spielte, fasste Louis die Hände von Vater und Mutter. Er drückte sie von Zeit zu Zeit und wiegte seinen Kopf hin und her. Als nun der Priester zu sprechen begann, klang seine Stimme wie ein Glockenton durch den Raum. Wiederum suchte Louis die Hände von Vater und Mutter. Er drückte sie, so fest er konnte. Der Mutter flüsterte er ins Ohr: «Er ist lieb, er ist gut!» Als die Orgel wieder spielte, erblickte der Priester vorne den blinden Knaben, dessen Augen geschlossen waren. Er bemerkte, wie er den Kopf zur Musik hin und her wiegte und wie er die Hände der Eltern hielt. Er sah das Lächeln in seinem feinen, blassen Antlitz, seine Freude an der Musik. Die langen blonden Haare umgaben seinen Kopf wie ein Lichtglanz. «Diese Leute und den blinden Knaben will ich bald kennenlernen», dachte er.

Am andern Tag begab sich Louis mit umgehängter Tasche und langem Stock ins Dorf, um in der Bäckerei ein Brot zu holen. Ihm entgegen schritt der junge Pfarrer durch die Straße. «Hallo, Junge, wo geht's hin?», fragte eine Stimme. Louis blieb stehen. «Herr Pfarrer, Sie sind es?» Er hatte ihn gleich an der Stimme erkannt. «Ja, ich bin es. Eben wollte ich deinen Eltern einen Besuch machen. Ich habe von dir gehört, und am Sonntag warst du in der Kirche.» – «Ja, und des Herrn Pfarrers Stimme hat mir so gut gefallen, dass ich gar nicht die Worte verstanden habe, die er gesprochen hat. Sie klingt fast so schön wie die Orgel.» Als der Knabe so dankbar gläubig mit seinen blinden Augen das Gesicht zu ihm erhob, durchfuhr es den jungen Pfarrer wie ein Wärmestrahl. Er legte Louis die Hand auf den Kopf und strich über seine Haare. Der Knabe ergriff gleich seine Hand, küsste sie und ließ sie nicht mehr los. Dann sprach er: «Jetzt können Sie mit mir das Brot einkaufen gehen, und dann zeige ich Ihnen, wo meine Eltern wohnen.» Damit zog er den Pfarrer an der Hand hin zum Bäckerladen, kaufte sein

Brot und sagte zur verwunderten Bäckersfrau: «Der Herr Pfarrer besucht die Familie Braille. Er hat eine schöne Stimme.» Der Pfarrer blinzelte der Bäckerin zu und reichte ihr zum Abschied die Hand, die Louis gleich wieder ergriff und nicht mehr losließ, bis sie daheim bei Brailles ankamen. Er setzte ihn vor dem Haus auf die Bank und rief hinein: «Vater, Mutter, kommt heraus, ich habe den Pfarrer mit der schönen Stimme hergebracht!» Zuerst stürzte die Mutter heraus, ihr folgte der Vater. Louis hörte, wie die Eltern etwas verlegen den Pfarrer als Monsieur Palluy begrüßten. Doch gleich fuhr Louis fort: «Ich glaube, der Herr Pfarrer hat Hunger und Durst. Bitte Mutter, schneid ihm ein Stück vom frischen Brot, Vater, hol etwas Wein herbei.»

So etwas war dem jungen Pfarrer Jakob Palluy noch nie begegnet. Also bat ihn die Mutter in die Stube. Bald standen auf dem Tische Brot und Wein und Becher. «Ich will dem Herrn Pfarrer etwas zeigen.» Mit diesen Worten verschwand Louis in der Werkstatt. Die Eltern wollten sich für ihren Knaben entschuldigen, dass er den Herrn Pfarrer so herandirigiert habe. Doch der lachte und sprach voll Heiterkeit: «Das ist ja ein herrlich aufgeweckter Junge. Wie alt ist er?» – «Sechs Jahre», antwortete die Mutter, «aber wir sind ratlos. Er wird als Blinder nicht zur Dorfschule gehen können, und er hat so viele Fragen, die wir ihm nicht beantworten können.» Einen Augenblick überlegte Jakob Palluy, dann sagte er: «Ich will ihm etwas Unterricht

geben. Bringt ihn Montag, Mittwoch und Freitag am Morgen, etwa um zehn Uhr, ins Pfarrhaus. Ich freue mich auf ihn!» Nach diesen Worten kam Louis zurück. Und was brachte er? Ein schmales Brett. Darauf hatte der Vater mit Rundkopfnägeln in Buchstaben den Namen LOUIS BRAILLE eingeschlagen. Das konnte der Knabe mit den Fingern tasten, und er zeigte dem Pfarrer, dass er die Buchstaben auch rückwärts lesen konnte.

«Das hat mir der liebe Vater gemacht», sagte er. «Und spürt hier einmal!» Damit zog er aus der Tasche ein dickes, langes Lederstück. «Da sind alle Buchstaben, das ganze ABC, in das Leder eingeschnitten. Sagen Sie mal einen Buchstaben und ich zeige Ihnen, wo er sitzt.» Louis legte den Riemen auf den Tisch. Der Pfarrer buchstabierte. U F V … und rasch fuhren Louis' Finger über den Riemen und zeigten auf den richtigen Buchstaben.

So begann die Freundschaft des Pfarrers mit Louis Braille.

Im Pfarrhaus

Am folgenden Mittwoch hatte Mutter Braille Louis frische Wäsche hingelegt, damit er fein sauber beim Herrn Pfarrer antreten könne. Sie wusch sein blondes Haar. Zum Trocknen setzte er sich draußen auf die Bank in die Sonne. Wieder sangen und zwitscherten die Vögel in der Linde, und Louis sang leise mit. Die Hände hielt er geöffnet, dass die Sonnenstrahlen sie erwärmten. Er summte:

Sonne liebe Sonne,
schenkest warmen Schein,
wärmest meine Nase,
wärmst die Hände fein.

Und immer wieder sang er diese Zeilen, bis die Mutter kam und ihm durchs Haar fuhr. «Louis, es ist trocken. Wir können gehn. Hab dir die Sonntagsschuhe schön geputzt, gewichst und poliert. Hier, zieh sie an!» Louis roch daran, bevor er sie anzog. Dann fragte er: «Gelt, Mutter, wenn ich sauber bin, hat mich der Pfarrer noch lieber und dann streicht er mir wieder über das Haar. Das macht er so fein und krault ein bisschen darin, als ob ich ein Kätzchen wär.» Die Mutter erwiderte: «Sei nur recht brav. Du wirst auch seiner alten Köchin begegnen, die vom vorigen Pfarrer geblieben ist. Sie soll etwas brummig sein. Sei auch nett zu ihr. Aber nun komm!»

Als die beiden zum Pfarrhaus kamen, gewahrte die Mutter neben der Tür einen Ring zum Ziehen der Hausglocke. «Ich ziehe den Glockenring», erklärte sie Louis, «dann läutet es, und der Pfarrer oder die Köchin kommt heraus.» Schnell fragte Louis: «Läutet dann die Kirchenglocke? Mutter, darf ich ziehen?»

Mutter führte Louis' Hand an den Ring, und mit aller Kraft zog er daran. «Hör auf!», rief sie, «einmal genügt. Sonst wird die Köchin böse.» Die Tür ging auf, und etwas unwirsch erschien die Köchin. Die Mutter begrüßte sie: «Entschuldigen Sie, Madame Piot, der Knabe hat geläutet und wusste noch nicht, wie das geht. Ist der Herr Pfarrer zu sprechen?» Etwas abweisend antwortete die Köchin: «Ja, er erwartet den Knaben.» Gleich fiel Louis ihr ins Wort: «Liebe Köchin, seien Sie bitte nicht böse. Das nächste Mal zieh ich nur einmal. Jetzt dürfen Sie mir auf die Hand hauen!» Damit streckte Louis ihr die Hand hin. Da brach die runde Köchin in ein gurgelndes Lachen aus. Sie zog Louis an der Hand über die Schwelle in den Hausflur hinein. Die Mutter verabschiedete sich: «Wenn dich der Herr Pfarrer auf die Straße begleitet, findest du den Rückweg mit dem Stock alleine.»

«Madame Piot, Sie haben für den Herrn Pfarrer Sauerkraut in der Pfanne, ich rieche es!», sagte Louis, als er in den Hausflur trat. «Das ist gut gegen Würmer, hat Mutter gesagt.» Bevor Madame Piot etwas äußern konnte, stand schon der Pfarrer bei ihnen und begrüßte Louis mit klingender Stimme: «Guten Morgen, Louis! Reich mir die Hand! Wir gehen zusammen in meine Studierstube.» Er ergriff die Hand des Knaben, strich ihm mit der andern über den Haarschopf und führte ihn in ein geräumiges Zimmer. Er wies Louis einen Platz in der Sofaecke an. Zu Hause kannte dieser nur harte hölzerne Stühle. Der Pfarrer setzte sich ihm gegenüber auf einen Lehnstuhl. Louis strich mit der Hand über den Samt der Sofalehne und fragte: «Ist das vom Pelz eines Tieres mit ganz kurzen Haaren? Von einer Katze ist es nicht, von einer Kuh nicht, vom Pferd nicht.» – «Dieser Stoffüberzug heißt Samt», antwortete der Pfarrer. «Er stammt nicht von einem Tier. Es gibt in Rouen eine Fabrik, da machen Maschinen aus Baumwolle solchen Samt.» – «Gibt es denn Bäume, woran Wolle wächst?», wunderte sich Louis. «Es sind eigentlich Büsche im heißen Afrika, an denen diese Wolle wächst», erklärte der Pfarrer. «Die Menschen dort pflücken sie, und Schiffe bringen die Baumwolle zu uns nach Frankreich. Daraus gibt es Stoffe für Kleider und auch Samt für Stühle und Sofas.» Louis staunte und strich wieder über die Armlehne. Er flüsterte: «O Samt, wie bist du fein und kostbar, du bist auf dem Meerschiff gefahren.» Plötzlich wandte er sich wieder an den Pfarrer: «Warum ist das Afrika-Land so heiß? Ist dort immer Sommer?» «So ist es. Dort ist noch im Winter Sommer. Da kennt man

Schnee und Eis nicht. Unsere liebe Erde hat warme Länder und kalte Länder. Die warmen sind im Süden. Komm, Louis, steh auf! Ich zeige dir, in welcher Richtung die heißen Länder sind.» Der Pfarrer stellte Louis mitten ins Zimmer, ließ ihn die Arme heben, sodass der rechte Arm nach Süden zeigte, der linke nach Norden. Jetzt strich er ihm über den rechten Arm und sprach: «Wie dieser Arm nach Süden zeigt, fliegen die Schwalben im Herbst nach Afrika.» «Holen sie dort Baumwolle für ihre Nester?», fragte Louis. «Nein, hier würden sie im kalten Winter verhungern, wenn keine Mücken fliegen.» – «Wer zeigt ihnen den Weg nach Afrika? Das tut wohl ein Vogelengel, den ihnen der liebe Gott sendet?», überlegte Louis. «Ja, so mag es sein», meinte der Pfarrer. «Wie ist es denn im Norden, im kalten Land?», wollte Louis wissen. «Da gibt es die schneeweißen Eisbären, die haben einen so dicken Pelz, dass die Kälte ihnen nichts zuleide tut.» – «Dann können dort im kalten Nordland keine Menschen wohnen? Menschen haben nur feine Härchen und keinen Pelz.» – «Doch, dort leben die Eskimos. Die schneidern sich aus Bärenfell warme Kleider.» – «Leben die denn so wild wie die Eisbären und haben kein Haus?» – «Doch, sie bauen sich aus Schnee und Eis so kleine Eishöhlen-Häuser. Darin können sie wohnen und schlafen. Ein kleines Fettlicht gibt ihnen ein wenig Helligkeit und Wärme. Die Sonne scheint dort schwach. Viele Monate bleibt sie ganz weg, wenn hier Winter ist.»

«Wovon leben sie denn? Essen die Eskimos Eis?» «Nein, sie haben Rentiere. Die geben ihnen Milch und Fleisch. Sie wandern mit ihnen in Gegenden, wo es am Boden etwas zu knabbern gibt: Moose und kurze Gräser. Rentiere sind etwa so groß wie Kälber. Sie tragen wie Hirsche ein wunderschönes Geweih auf dem Kopf.» Plötzlich kam dem Pfarrer in den Sinn, dass im Flur an der Wand ein kleines Hirschgeweih aufgehängt war, und er sagte: «Louis, ich bringe dir ein Hirschgeweih, das draußen hängt, herein. Dann kannst du mit deinen Fingern spüren, wie es aussieht.» Das Geweih war auf einem Holzbrett befestigt, sodass es abgehängt werden konnte. Die Köchin hatte wohl an der Tür gelauscht; denn sie kam gleich mit einem Staublappen gelaufen und begann energisch den Staub vom Geweih abzuwischen, «... sonst bekommt der kleine Louis schmutzige Finger.» Drinnen legte der Pfarrer dem Knaben das Holzbrett auf den Schoß und hielt es fest. Louis tastete sorgsam das Geweih ab, bis in alle feinen Spitzen. «Wunderbar!», rief er. «Ist ja wie ein Baum ohne Blätter, der die Äste nach oben hält.» Immer wieder von Neuem begann er, seine Finger von unten nach oben die Formen entlanggleiten zu lassen. Dann sagte er: «Danke vielmals, Herr Pfarrer, dass Sie mir dieses Hirschgeweih gezeigt haben! Darf ich es das nächste Mal wieder bewundern?» – «Ja, das werde ich dir gerne wieder auf die Knie legen», erwiderte der Pfarrer. «Aber nun wollen wir noch etwas anderes tun.» Er brachte das Geweih wieder an seinen Platz zurück. Als er Louis wieder gegenübersaß, sprach er: «Ich möchte gerne mit dir etwas lernen, damit du später die Dorfschule besuchen kannst. Da musst du die Zahlen kennen und die Buchstaben. Wie viele Zahlen kennst du mit Namen?» – «Zehn, wie meine Finger. Mutter hat es mir beigebracht.» Gleich zählte er von eins bis zehn, und er spreizte aus den Fäusten rasch einen Finger nach dem andern heraus. Der Pfarrer ließ die zehn Finger auf die Knie klopfen und lehrte ihn weiter zählen bis zwanzig, und dann ging's weiter bis dreißig. Nun ließ sein Lehrmeister ihn die Zahlen rückwärts aufsagen, und er war erstaunt, wie rasch Louis alles erfasste. Louis fand es schön, jeden Zahlennamen auf sein Knie zu drücken und bei zehn, zwanzig, dreißig mit allen zehn Fingern auf beide Knie zu schlagen und dann wieder Fäuste zu machen.

Nach einer kleinen Pause geschah etwas Sonderbares. Der Pfarrer legte in Louis' Hände ein rundes Holz mit Löchern und fragte: «Was meinst du, wozu dient dieses Holz?» Louis ertastete die Löcher und riet: «Da kann man Blumen hineinstecken!» Der Pfarrer lachte, setzte das Holz an den Mund und blies einige Töne, und dann spielte er das kleine Lied «Frère Jacques, frère Jacques, dormez-vous ...» Louis klatschte vor Freude in die Hände. Er kannte das Lied und begann mitzusingen. Mit den Fingern tastete er zart über die Hände des Pfarrers, bis er beim Blasemund ankam. Das kit-

zelte den Pfarrer an den Lippen. Er nahm die Holzflöte vom Mund und lachte. «Louis, du darfst einmal probieren, aber sacht die Luft hineinblasen, sonst schreit die Flöte.» Er setzte das Mundstück an Louis' Lippen, und dieser blies einen feinen Ton. Dann lernte er zwei Finger auf die Löcher setzen und unten den Daumen auf das Loch drücken. Da erscholl der Kuckuck-Ruf. Unermüdlich flötete es «Kuckuck», bis der Pfarrer die Flöte wieder an sich nahm. Louis rief begeistert: «Jetzt kann ich ein Vogel sein, ohne zu pfeifen! Darf ich später auch ‹Frère Jacques …› lernen? Oh, Herr Pfarrer, wie lieb sind Sie!» Und er schlang plötzlich seine Arme um den Hals des Pfarrers und gab ihm einen Kuss auf die Wange. Es klopfte an die Tür. Draußen rief die Köchin: «Herr Pfarrer, das Essen ist fertig!» Als er Louis auf die Straße hinausgeleitete und ihm den langen Stock in die Hand gab, ergriff Louis rasch die Hand seines Lehrers, küsste sie und sprach: «Tausend Dank, lieber Herr Pfarrer. Bis zum nächsten Freitag. Gott segne Sie!»

Jakob Palluy blieb versonnen stehen und schaute dem blinden Louis nach, der wacker dahinschritt und leise vor sich hin sang: «Frère Jacques, frère Jacques …» Und er dachte: Was ist das für ein Knabe? Welch regsamer Geist lebt in ihm. Ich will ihm helfen, so viel ich kann! Er hat sogar mich, den Pfarrer, gesegnet! – Vom Haus her rief eine etwas ungeduldige Stimme: «Monsieur Palluy, das Essen wird kalt!»

So froh wie aus dem Pfarrhaus war Louis selten nach Hause gekommen. In der Küche bereitete die Mutter eben das Mittagessen. Als er eintrat, sprudelte Louis gleich los: vom Samtsofa, von den heißen Ländern im Süden und der Baumwolle, von den kalten Ländern im Norden. Vater Simon kam aus der Werkstatt, setzte sich auf einen Küchenstuhl und hörte dem begeisterten Bericht von Louis zu. Nun ging's zu den Eisbären, zu den Eskimos in ihren Schnee- und

Eishäusern, zu den Rentieren, zu ihrem Geweih. Und nun zeichnete Louis in die Luft, wie ein Hirschgeweih aussieht. Dann erzählte er vom Holz mit den Löchern, das der Pfarrer eine Flöte nannte: «Darauf konnte ich Kuckuck-Kuckuck blasen, und der Pfarrer blies ‹Frère Jacques, frère Jacques, dormez-vous …› aus dem Holz.»

«Hast du dich auch beim Herrn Pfarrer bedankt?», sorgte sich die Mutter. «Ja, ich hab' ihm einen Kuss gegeben. Er hat keinen Schnauz wie der Reitersmann. Er hat mir auch das Zählen beigebracht, bis dreißig vor- und rückwärts. Ich freue mich auf Freitag, wenn ich wieder ins Pfarrhaus darf. Oh, Mutter, ich möchte dem Pfarrer mein Lederpferdchen schenken!» «Lieber Louis, der hat keine Zeit, mit dem Lederpferdchen zu spielen. Aber du kannst ihm mit Vater eine Ledermappe machen, eine schwarze, die passt zu seinem Gewand – darin kann er die Bibel und das Gebetbuch mitnehmen; wenn er zur Kirche kommt, klemmt er bis heute beide unter den Arm. Aber sag ihm noch nichts davon; das gibt eine Überraschung für später.» Louis klatschte in die Hände: «Jetzt haben wir ein schönes Geheimnis!»

Die zweite Stunde

Für Louis hatte dieser erste Aufenthalt im Pfarrhaus eine neue, weite Welt erschlossen. Viele Fragen stiegen in ihm auf, und er dachte: Der Pfarrer kann mir alle, alle beantworten.

Als er am Freitag mit seinem Stock den Weg zum Pfarrhaus fand, zog er ganz sanft am Glockenstrang. Wiederum öffnete die Köchin die Tür. Louis begrüßte sie: «Guten Morgen, liebe Madame Piot, gibt's heute wieder Sauerkraut?» Madame Piot lachte: «Nein, heute gibt's eine Gemüsesuppe!» Ihre Stimme klang gar nicht brummig. Sie nahm Louis bei der Hand, half ihm über die Türschwelle und sagte: «Der Herr Pfarrer hat noch Besuch. Komm derweil zu mir in die Küche.» Sie setzte Louis an den Küchentisch und gab ihm einen Apfel in die Hand. «Hier, Louis, den Apfel kannst du essen.» Doch Louis roch erst einmal nur am Apfel und sagte: «Ich rieche Sonne! Er ist ganz rund wie ein Menschenkopf.» – «Fast jeder Apfel hat im Innern fünf Kerne, und jeder Kern hat ein eigenes Stübchen», erzählte ihm Madame Piot. «Wenn man die Kerne in die Erde steckt, wächst daraus wieder ein Apfelbaum.» – «Und wenn ich sie schlucke, wachsen mir im Bauch fünf kleine Apfelbäume?» Madame Piot schüttelte den Kopf: «Nein, im Bauch ist eine

Mühle, da wird alle Speise zermahlen. Beiß nur hinein! Wollen sehen, ob du die fünf Kerne findest.» Jetzt begann Louis sorgsam den Apfel zu essen. Plötzlich rief er: «Ich hab einen!» Und er legte den ersten Kern auf den Küchentisch. Bald waren es alle fünf. Madame Piot putzte inzwischen das Gemüse. Sie fand es so schön, den munteren Louis bei sich in der langweiligen Küche zu haben, dass es ihr leidtat, als der Pfarrer ihn holte. Auf dem Küchentisch lag nur noch der Apfelstiel. Die Kerne hatte Louis eingesteckt.

Nun saß Louis wieder in der Sofaecke. Seine Finger glitten über den Samt. Der Pfarrer erkundigte sich: «Louis, hast du vom letzten Mal, als du bei mir warst, noch eine Frage?» – «Ja», erwiderte Louis, «Sie haben mir gesagt, was im Süden und im Norden der Erde ist, aber nicht, was fern im Osten ist, wo die Sonne aufgeht, und im Westen, wo die Sonne untergeht. Würden Sie mir bitte davon erzählen?» Der Pfarrer begann: «Fern im Osten liegt das Heilige Land. Da wurde zu Bethlehem das Jesuskind geboren; daher feiern wir Weihnacht. Dort fließt der Jordanfluss; da ist bei der Taufe Christus, der Gottessohn, vom Himmel herunter in den Menschensohn Jesus gekommen. Er hat den Menschen inneres Licht und Liebe gebracht. Deshalb schauen unsere Kirchen alle nach Sonnenaufgang. Aber da, wo die Sonne untergeht, ist ein großes Meer. Jenseits des Meeres liegt Amerika. Da lebten in früheren Zeiten nur die Indianer. Das sind Menschen mit rötlicher Haut. Sie tragen Federn auf dem Kopf. Von uns weißen Menschen sind viele mit Schiffen übers Meer gefahren und haben dort Dörfer und Städte gebaut.» – «Haben die Indianer ihnen das Land geschenkt?», erkundigte sich Louis. «Nein, die Weißen haben es ihnen geraubt, und sie haben die Indianer vom Meer in die Berge zurückgetrieben.» «Die Indianer tun mir so leid», sagte Louis. «Sind sie jetzt traurig?» – «Ja, sie sind traurig.» – «Dann ist Sonnenuntergang ein Trauerland und Sonnenaufgang ein heiliges, frohes Land.» – «Ja, Louis», erwiderte der Pfarrer, «so kann man es sagen.»

«Wo hat denn Gott, um die Erde zu erschaffen, das viele Material hergenommen?», wollte der Knabe weiter wissen. Einen Augenblick dachte der Pfarrer nach, dann sprach er: «Gott hat aus seiner gewaltigen Himmelskraft zuerst das *Licht* erschaffen, und alle Engel haben etwas von ihrem Licht geschenkt. Dann hat er die *Luft* erschaffen. Das Licht kann man nicht greifen, aber die Luft kannst du in die Hand pusten.» «Und in die Flöte blasen», ergänzte Louis. – «Dann hat Gott das *Wasser* erschaffen. Das kannst du trinken, das fließt mit im Blut», fuhr der Pfarrer fort, und Louis fiel gleich ein: «Und wenn Mutter etwas Gutes kocht, und ich rieche es, läuft mir das Wasser im Mund zusammen.»

«Dann hat Gott das *Feste* der Erde erschaffen; daraus wachsen Wiese und Wald. Und tief in der Erde gibt es Kristalle. In der Luft hat er die Vögel geschaffen, im Wasser die Fische, auf dem Festen all die kriechenden und springenden Tiere. Und den Menschen hat er eine lebendige Seele eingehaucht, die kann sprechen und hören, kann fühlen, kann singen, kann rechnen. Der Mensch ist ein Wunderwerk!»

«Wenn sie doch Gott erschaffen hat, warum gibt es dann böse Menschen, die im Krieg einander töten und Land rauben?»

«So wie es in der hellen Welt die guten Engel gibt, so gibt es in der finsteren Welt böse Dämonen», antwortete der Pfarrer. «Die schleichen sich in die Köpfe der Menschen und flüstern ihnen üble Gedanken ein. Dann verrichten sie Böses. – Aber nun, lieber Louis, wollen wir noch an unseren Zahlen weiter üben. Du kannst deine Finger benutzen, wie wir es gelernt haben: eins, zwei, drei … Die Zehn, die Zwanzig, die Dreißig schlägst du immer auf deine Knie. So kommen wir heute bis hundert. Bei hundert schlägst du alle zehn Finger auf deinen Kopf!»

Nun ging es ans Zählen, auf und ab. Bei hundert schlug sich Louis mit allen zehn Fingern tüchtig auf den Kopf, dass er hellauf lachen musste.

«Genug!», rief Monsieur Palluy, «nun wollen wir noch etwas Musik machen.» Er nahm die Flöte und spielte ein Lied. Louis kannte es von seiner Mutter und begann mitzusingen, Strophe um Strophe. Dann aber reichte ihm Monsieur Palluy die Flöte. Louis blies den Kuckuck, und nun durfte er tiefere Töne drücken. Dann tippte sein Lehrer ihm auf die Finger. Auf einmal ergab sich die Melodie: «Frère Jacques» … Und dann sang der Pfarrer zu Louis' Spiel, und er brauchte ihm gar nicht mehr auf die Finger zu tippen.

Die beiden hatten nicht bemerkt, dass die Tür einen Spaltbreit aufgegangen war. Die Köchin liebte das Flötenspiel und das Singen. Leise sang sie vor der Tür mit. Als aber die Musikanten eine Pause machten, rief sie mit sanfter Stimme: «Herr Pfarrer, die Gemüsesuppe steht bereit zum Essen!»

«Danke, Madame Piot! Ich komme bald.» Er erhob sich, begab sich zu seinem Schreibtisch, auf dem einige kleine Kristalle lagen. Er nahm einen und schenkte ihn Louis: «Hier lege ich dir einen Kristall in die Hand. Er ist viele tausend Jahre alt. Den darfst du behalten, er wird dich immer wieder an das Wunder der Erschaffung der Erde erinnern!»

Louis ertastete die glatten Flächen und Spitzen des Kristalls. Es war ein größerer und an ihn angeschmiegt ein kleinerer. Mit strahlendem Gesicht sagte Louis: «Herr Pfarrer, Sie sind der größere Kristall und ich bin der kleinere.» Dankend umarmte er ihn.

Kaum war Louis zu Hause, da erschien Vater Simon in der Küche, um die ganze Erzählung über die Pfarrhaus-Stunde zu hören. Als Louis den Kristall vorzeigte, sagte die Mutter: «Pfarrer Palluy hat unseren Sohn ins Herz geschlossen. Er wird ihn gewiss in die Dorfschule hineinbringen.»

Die Dorfschule von Coupvray

Bis zum siebten Lebensjahr durfte Louis den Vorunterricht bei Pfarrer Palluy besuchen. Dieser hatte mit dem Dorfschulmeister, der in der Kirche auch die Orgel spielte, schon gesprochen. Es bedurfte nur weniger Worte, und der Lehrer zeigte sich bereit, den blinden Louis Braille in seine Klasse aufzunehmen.

Zu Weihnachten hatten die Brailles dem Pfarrer zum Dank eine schwarze Ledermappe geschenkt. Louis hatte sie mit Wachs fein poliert. Der Pfarrer wiederum schenkte Louis eine hölzerne Flöte, sodass er nun zu Hause nach Herzenslust spielen konnte.

Es nahte der erste Schultag. Mutter Braille brachte Louis zum Schulhaus. Im Dorf hatte sich herumgesprochen, dass der Blinde in die Schule käme. Alle Dorfkinder kannten ihn, der nie einem andern etwas zuleide tat. Es war Frühjahr. Vor dem Schulhaus standen einige Mütter mit ihren Neulingen. Als Mutter Braille mit Louis zu ihnen stieß, wurden die beiden lebhaft begrüßt. Die Tür zum Klassenzimmer öffnete sich. Der Lehrer, Monsieur Becheret, rief: «Zuerst kommen die Neulinge fürs erste Schuljahr! Es geht nach dem Alphabet: Abel, Martin – Braille, Louis! Ihr beide kommt in die erste Bank vorne.» Der Lehrer reichte den beiden Knaben die Hand. Der kleine Martin sagte, wie es ihn seine Mutter gelehrt hatte: «Guten Tag, Monsieur Becheret.» Von Louis kamen die Worte: «Guten Tag, Monsieur Becheret! Ich danke Ihnen, dass ich zur Schule kommen darf!» Und er schüttelte dem Herrn wacker die Hand. Dieser sprach: «Martin, nimm Louis mit dir. Setzt euch in die erste Bank auf der Fensterseite.»

Fünf Neulinge waren es aus dem kleinen Dorf Coupvray. Die Mütter verabschiedeten sich. Nach und nach füllte sich die Stube vom ersten bis zum siebten Schuljahr. Weiter hinauf ging es damals nicht in dieser Schule. Als sich die Schulzimmertür schloss, hörte Louis die Schritte des Lehrers, der sich zum Pult begab. Das Kommando hieß: «Steht alle auf zum Gebet!» Die älteren Schüler konnten das Vaterunser hersagen, und die Kleinen plapperten stückweise mit. Nur Louis sprach von den Neulingen kräftig mit. Alle Schüler besaßen damals eine Schiefertafel und einen Griffel zum Schreiben. Vater Braille hatte für Louis ein Lineal besorgt. Beim Pfarrer hatte er gelernt, das Lineal auf die Schiefertafel zu legen; dann konnte er in gerader Reihe schreiben. Für die nächste Zeile drehte er das Lineal nach unten und konnte so Zeile um Zeile weiterschreiben. Die Buchstaben kannte er ja alle. Für die Neulinge schrieb der Lehrer *MAMA* an die Tafel, und nun mussten sie mit dem Griffel ihre Tafel voll *MAMA* kratzen. Derweil begann der Lehrer mit den oberen Schuljahren den Rechenunterricht. Wer von den Neulingen die Tafel voll geschrieben hatte, musste den Griffel ablegen und still warten. Louis lauschte nach hinten, wo die größeren Schüler laut rechneten, und er flüsterte leise mit.

Nun kam Monsieur Becheret die *MAMA*-Tafeln angucken. Bei Louis sagte er: «Schön gemacht!», bei Martin: «Du hast mal eine große *MAMA* und dann wieder eine kleine *MAMA*. Versuche, alle gleich groß zu schreiben wie Louis.» Da fragte Louis: «Monsieur Becheret, darf ich, da ich schon alle Buchstaben kenne, die Namen aller Tiere, die ich kenne, aufschreiben?» «Du darfst alles aufschreiben, was du willst.» Als die Neulinge das Geschriebene mit dem Lappen ausgewischt hatten, schrieb der Lehrer *PAPA* an die Wandtafel, und nun ging's wieder los auf den Schiefertafeln. Louis aber begann mit den Tiernamen.

Ein wenig traurig wurde Louis, als die größeren Schüler Bücher hervornehmen und lesen durften. Die Buchstaben auf Papier konnte er nicht spüren, auch nicht, was er auf die Tafel geschrieben hatte. Beim Pfarrer waren viele Bücher im Gestell. Er hatte ihm auch Geschichten vorgelesen. So dachte Louis oft darüber nach, wie man eine Schrift machen könnte, die sich mit den Fingern lesen ließe.

Am meisten freute es Louis, wenn Lehrer Becheret vorne an seinem Tisch saß und aus einem Buche die Geschichten von Joseph vorlas, der nach Ägypten verkauft wurde. Als er las, wie Frau Potiphar Joseph beschuldigte, dieser hätte sie bedrängt, rief er vor Aufregung laut in die Klasse: «Das Weib lügt!» Die

Mitschüler lachten, aber Monsieur Becheret sagte: «Jawohl, Lügen ist scheußlich und bringt Unheil.»

So nahm Louis alles, was er in Geschichten hörte, ganz in sein Herz auf. Er erlebte die Geschehnisse und Gestalten leibhaftig in seinem Innern.

Drei Jahre ging Louis zur Dorfschule. Pfarrer Palluy durfte er immer wieder besuchen. Dieser las ihm aus Büchern viele Geschichten vor. Besonders freute es Louis, wenn er mit ihm zweistimmig flöten durfte. Zwischendurch klopfte es an die Tür und Madame Piot brachte etwas Gebäck zum Knabbern und selbst gemachten Sirup zum Trinken.

Die große Veränderung

Eines Tages kam Pfarrer Palluy zu Familie Braille, um über Louis' Zukunft zu sprechen. «In Paris gibt es ein Blindenheim», erzählte der Pfarrer. «Es hat den Namen St. Victor. Es wurde vor etwa 35 Jahren gebaut. Ein Freund der Blinden, Monsieur Haüy, begab sich mit ein paar blinden Kindern an den Königshof von Versailles. Es war vor der großen Revolution. Die blinden Kinder sangen und musizierten vor dem König und der Königin Marie-Antoinette. Das Königspaar war begeistert und spendete eine große Summe Geld für den Bau eines Blindenheimes. So konnte Monsieur Haüy als Leiter viele blinde Kinder aufnehmen und unterrichten.»

«Ist er immer noch dort?», erkundigte sich Louis. «Kann ich ihm die Hand drücken und danken?»

«Nein, er soll später nach Russland gegangen sein, um dort für Blinde ein Heim einzurichten. Das Heim in Paris muss ein riesengroßes Haus sein, es steht nahe der Seine. Von diesem Fluss, der durch Paris fließt, erhält das Heim auch sein Wasser. Da gibt es Schulzimmer, Schlafräume, Musikzimmer, eine Kapelle zum Beten. Wenn es im Winter kalt ist, heizt man fünfzehn Öfen. Es müssen da über hundert Schüler sein.»

«Sind die Lehrer auch blind?», fragte Louis weiter. – «Nein, die sehen und können so besser Ordnung halten in den großen Klassen im Haus und in den Werkstätten.»

«Und was kann man da lernen?» – «Sprache, Grammatik, Rechnen, Geografie und Musik. Viele Schüler spielen Trompete, Klavier, Flöte und Geige. Es wird auch viel gesungen in einem Chor.»

«Lernt man auch lesen und schreiben?» – «Ich glaube, da tut man sich schwer», antwortete der Pfarrer. «Ich hörte etwas von geschnitzten Buchstaben. Aber dann gibt's die Werkstätten. Da wird gestrickt, genäht; es werden Körbe und Sessel geflochten. Sogar Schuhe werden angefertigt.»

Louis fuhr dazwischen: «Mutter, da werde ich dir feine Damenschuhe machen mit hohen Absätzen, weil du so klein bist!» – Alle lachten. Es schien, Louis sei neugierig auf alles, was man im Blindenheim lernen könne.

Der Pfarrer hatte die Adresse des Heimes besorgt, und er half dem Vater Simon, ein Bittschreiben aufzusetzen, um Louis in Paris anzumelden.

Wochen vergingen, aber am 15. Januar 1819, kurz nach Louis' zehntem Geburtstag, traf Antwort ein: Louis könne Mitte Februar ins Heim eintreten. Der Vater möge ihn hinbringen. Da war Freude im Hause Braille; nur die Mutter machte sich Sorgen um Louis. «Wird er nicht in einem so riesigen Betrieb untergehen? Niemand wird ihm den Gutenachtkuss geben.

Niemand wird ihn zu sich nehmen, wenn er traurig ist, und ihm eine Geschichte erzählen.»

Indes wurden Louis' Kleider, Wäsche und Schuhe erneuert und in einen Sack verstaut. Die Flöte musste mit und der Kristall, den ihm der Pfarrer geschenkt hatte. Sollte auch das Lederpferdchen, mit dem er immer einschlief, mitkommen? Vielleicht würde man es ihm wegnehmen. Nein, es sollte hier in Coupvray bleiben, und wenn er in die Ferien käme, wären sie wieder beieinander. Im Sommer sollte es zwei Monate Ferien geben.

Am 15. Februar nahmen Louis und Vater Simon Abschied. Als der Knabe die Mutter umarmte, sagte er: «Freue dich mit mir! Ich werde viel lernen!»

Lange dauerte die Fahrt mit der Postkutsche. Als sie sich der Stadt näherten, wurde das Knarren der Räder auf der Straße immer lauter. Fuhr man durch ein Dorf, blies der Postillion zu Louis' Entzücken auf einem Horn.

Auf einem Platz in Paris hieß es aussteigen. Vater Simon nahm Louis bei der Hand und sein Gepäck auf den Rücken. Ein gut Stück mussten sie noch zu Fuß gehen. Plötzlich hörte Louis ein Stampfen und Klirren. Er fragte: «Vater, was ist das?» – «Da marschieren Soldaten vorbei, und ihre Stiefel stampfen.» «Gehen sie in den Krieg?» – «Nein, gegenwärtig ist Friede im Land; aber sie dienen dem neuen König.»

Zwei, drei Mal musste Vater Simon sich nach dem Weg zum Heim erkundigen. Plötzlich standen sie vor dem hohen, grauen Gebäude. Der Vater betätigte den Türklopfer. Die Pforte öffnete sich; ein Hausdiener führte die Angemeldeten durch kalte Gänge und über Treppen ins Büro des Direktors Guillié. Dieser gab sich freundlich, begrüßte die Brailles herzlich. «Herr Direktor», erkundigte sich Louis, «wie viele Schüler haben Sie im Hause?» – «Es werden so an die hundert sein.» Louis staunte. «Haben Sie denn hundert Betten?» – «Nicht ganz so viel; denn einige Schüler sind aus Paris und schlafen bei ihren Eltern.»

Dem Direktor gefiel Louis, der so frisch und klar seine Fragen stellte. Er fuhr fort: «Weil Herr Braille nicht viel Zeit hat und heute noch mit der Kutsche zurückreisen muss, wollen wir noch einige Formalitäten erledigen, und dann werde ich Louis in eine Klasse führen, wo jetzt gerade Geografie unterrichtet wird.»

Zum Abschied umarmte Vater Simon seinen lieben Louis und sprach ihm guten Mut zu. Seine letzten Worte waren: «Und im Sommer kommst du wieder zu uns nach Coupvray in die Ferien.»

Der Direktor nahm Louis bei der Hand, und sie begleiteten Vater Simon bis ans Tor. Louis schluckte ganz kräftig, damit er nicht weinen musste; dann ging Direktor Guillié mit ihm zur Tür eines Klassenzimmers, klopfte und trat mit dem Neuling ein. Der Lehrer Dufau unterbrach seine Rede und rief: «Guten Tag, Herr Direktor!» Und alle fünfzehn Jungen standen auf, grüßten im Chor: «Guten Tag,

Herr Direktor.» Dieser sprach: «Ich bringe euch einen neuen Schüler, Louis Braille. Monsieur Dufau, setzen Sie ihn bitte an einen freien Platz.»

Der Geografieunterricht ging weiter. Monsieur Dufau erzählte, dass Frankreich im Westen an den Atlantischen Ozean grenzt. Er schilderte, wie das große Wasser in Ebbe und Flut atmet, wie es Fische und Muscheln zur Nahrung spendet. «Und nun habe ich hier eine kleine Kiste», sagte er. «Darin sind zwanzig Meermuscheln. Wenn ich bei euch vorbeikomme, darf jeder eine Muschel herausnehmen und sie studieren.» Louis erhielt eine Spiral-Schneckenmuschel, wunderbar glatt. Er hielt sie ans Ohr, denn einmal hatte er gehört, es gebe Muscheln, in denen man leise das Meer rauschen höre. Plötzlich tönte eine Glocke durch alle Gänge. Es war Pause. Die Muscheln wurden eingesammelt. Gerne hätte Louis noch länger das Meer leise rauschen gehört.

Ein Aufsichtslehrer nahm Louis bei der Hand und stellte ihn einigen Mitschülern vor. Da hörte er verschiedene Namen und Stimmklänge, aber es waren zu viele auf einmal, als dass Louis sie sich merken konnte. Er kam sich plötzlich unter vielen sehr einsam vor.

Der erste Abend

In langen Schlafräumen standen Eisenbetten mit Strohsäcken, einem Kissen und zwei Wolldecken. Der Aufseher führte Louis zum Bett Nummer 14. Alle Nummern waren auf Holztäfelchen geschnitzt und an den Bettgestellen befestigt. Bei jedem Bett stand ein Stuhl, dahinter war eine kleine Nische, in die der Aufseher Louis' Sack mit seinen Kleidern und Habseligkeiten hineingestellt hatte.

Louis hörte es überall rascheln, als die Kameraden in ihre Betten schlüpften. Louis ertastete sein Bett. Es roch muffig. Das ganze Haus war feucht und kühl. Strikte Ruhe war im Schlafsaal geboten. Louis tastete suchend in seinem Sack und holte ein Säcklein daraus hervor, worin ihm seine Mutter gedörrte Birnenschnitze mitgegeben hatte. Er nahm eine Dörrbirne heraus und legte sie aufs Kissen. Im langen Nachthemd schlüpfte er unter die Decken. Da und dort hörte er jemanden husten, dann war wieder Totenstille. Keine Mutter beugte sich heute über sein Bett. Er knabberte am Birnenschnitz, und seine Gedanken wanderten zurück nach Hause. Als er nur noch den Birnenstiel in der Hand hielt, überkam ihn plötzlich das Elend des Einsamseins. Er weinte. Damit sein Schluchzen nicht so hörbar war, presste er den Kopf ins Kissen. Da spürte er plötzlich, wie eine Hand ihm über Kopf und Haar streichelte. Eine leise Stimme flüsterte ihm ins Ohr: «Ich bin Gabriel Gauthier und schlafe nebenan. Ich hörte, dass du traurig bist. Das geht jedem Neuling am ersten Abend so. Es wird besser werden von Tag zu Tag. Ich will gerne dein Freund sein und dir helfen, wo ich kann. Hier hast du mein Taschentuch, damit kannst du die Tränen trocknen.» Und er wischte Louis sachte über sein Gesicht.

Louis war selig. «Einen Freund hab ich, der mich versteht, der mir helfen will, der mir die Tränen trocknet!» Er tastete mit zitternder Hand nach dem Kopf des Freundes, der ganz nah bei ihm in sein Ohr geflüstert hatte, und er flüsterte zurück: «Gabriel Gauthier und ich, Louis Braille, Freundschaft auf immer!» – Noch einmal strich die Freundeshand über seinen Kopf, drückte fest seine Rechte und verschwand. – Nun konnte er Mutters Nachtgebet flüstern, und leise Freude stieg in ihm auf.

«Ich habe einen Freund!»

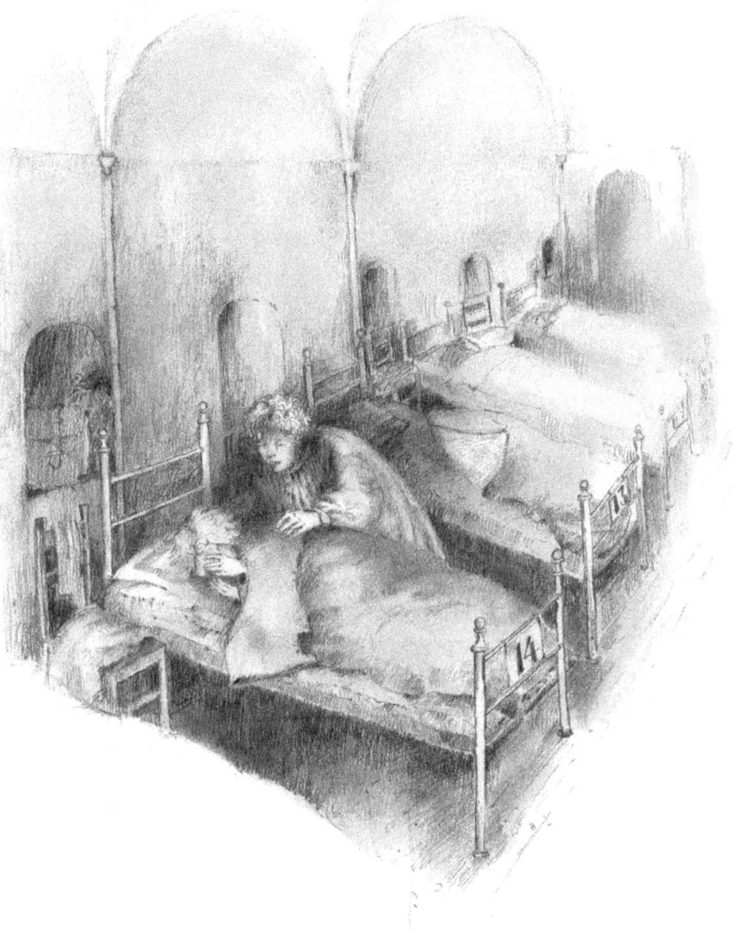

Der Tagesablauf

Eine laute Glocke weckte frühmorgens die Schläfer. Louis hörte, wie sich im Raume einiges bewegte. Schon stand Gabriel neben seinem Bett, fasste ihn bei der Hand und sagte: «Komm, steh auf! Hast du einen Waschlappen? Am Stuhl hängt ein Handtuch. Wir gehen zusammen in den Waschraum. Schlüpfe aus dem Nachthemd, zieh deine Hosen an! Zum Waschen sind wir oben nackt.»

An der Hand führte Gabriel seinen Freund in den Waschraum zu einem großen Becken. Er bemerkte: «Das Wasser ist sehr kalt, aber es erfrischt. Gib mir deinen Lappen; ich habe etwas Seife dabei.» Und er strich sie einige Male über Louis' Lappen.

Als die beiden sich wieder angekleidet hatten, sagte Gabriel: «Nun geh ich mit dir in den Speisesaal zum Frühstück. Es gibt Haferbrei und eine Tasse Milch. Aber zuvor müssen wir unsere Betten in Ordnung bringen: den Strohsack schütteln, das Kissen etwas klopfen und die Wolldecken zusammenlegen, dass sie genau aufs Bett passen. Der Aufseher kontrolliert alles.»

Louis fand das ganz munter und gut. Als Gabriel bei ihm mit den Händen kontrollierte, meinte er: «Das hast du aber gut gemacht. Du hast wohl ordentliche

Eltern?» – «Ja, bei meinem Vater, er ist Sattler, da muss mit dem Leder alles auf den Millimeter stimmen, und der Mutter half ich öfters Wäsche und Tücher zusammenlegen!» Es freute Louis, dass Gabriel gut von seinen Eltern dachte.

Im Speisesaal, als alle Zöglinge vor ihren Tellern auf ein Zeichen warteten, kam ein Lehrer. Er klopfte dreimal mit einem Hämmerchen auf eine Tischplatte. Es gab Ruhe. Man sprach gemeinsam ein kurzes Tischgebet, dann klapperten die Löffel. Louis tastete nach der Milchtasse und führte sie an den Mund. Das war keine gute Milch wie in Coupvray. Diese hier schmeckte etwas säuerlich und wässrig. «Die gießen immer zur Hälfte heißes Wasser hinein», erklärte Gabriel. «Das Haus muss sparen.» Es war für Louis wunderbar, dass er einen so guten gleichaltrigen Freund hatte, der ihm nun überall helfend zur Seite stand.

Und es wurde, wie wir sehen werden, wirklich eine Freundschaft fürs ganze Leben.

Von Tag zu Tag

Dank der Hilfe seines Freundes Gabriel Gauthier hatte sich Louis bald gut in den Heimbetrieb eingelebt. Manchmal setzte sich Louis in eine Ecke und spielte leise auf der Flöte, die ihm Pfarrer Palluy geschenkt hatte. Gabriel war auch ein Klavierspieler. Oft setzte sich Louis im Musikzimmer mit ihm ans Klavier, wenn er spielte. Dann nahm Gabriel zwischendurch Louis' Hände und lehrte ihn die ersten Tasten drücken zu den Melodien «Frère Jacques ...», «Sur le pont d'Avignon» und so weiter. Bald kam auch die Linke dazu und drückte Begleitakkorde. Louis war selig und machte so große Fortschritte, dass ihn Gabriel seinem Klavierlehrer vorstellte. Die Musiklehrer kamen von der Musikschule Paris und gaben im Blindenheim kostenlosen Unterricht für begabte Schüler. So bekam Louis richtige Klavierstunden. Das erste Schuljahr ging im Sommer zu Ende. Es war üblich, dass eine Anzahl tüchtiger Schüler bei einer Schlussfeier Preise bekam. Louis erhielt einen Preis für seine sorgfältige Werkstätten-Arbeit: ein Paar Handschuhe und Unterwäsche. Gabriel Gauthier erhielt einen Preis für sein Klavierspiel. Louis äußerte zu Gabriel: «Mir tun alle die leid, die keinen Preis erhalten; sie geben

sich doch auch Mühe bei der Arbeit.» Aber das war nun einmal so.

In den letzten Tagen vor der Abreise in die Sommerferien herrschte große Vorfreude bei den Schülern. Louis sagte zu Gabriel: «Ich freue mich riesig auf Coupvray, aber einen Schmerz habe ich: dass du nicht bei mir bist. Bitte nimm für diese Zeit meinen Kristall mit. Hast du auch etwas zum Ausleihen für mich, ein Zeichen der Freundschaft?» Gabriel nestelte in seiner Jacke und brachte eine kleine Silbermünze zum Vorschein. «Meine Mutter hat sie mir geschenkt. Es ist das Bild der Königin Marie Antoinette darauf; man spürt ein wenig von ihrem Kopf. Da nimm sie mit, lieber Louis. Vor dem Einschlafen halten wir unsere Zeichen in der Hand, sprechen die Namen des Freundes und drücken es an die Lippen! Dann können wir uns vielleicht im Traum begegnen.»

Sommer in Coupvray

Ein Pferdehalter, mit dem Vater Simon befreundet war, besaß ein kleines Gefährt. Der Wagen war offen, hatte aber ein Verdeck zum Schutz vor Regen. Damit wollten sie gemeinsam Louis abholen. Die vierzig Kilometer lange Strecke nach Paris konnte die leichte Kutsche in knapp einem halben Tag zurücklegen. Frühmorgens fuhr man los und erreichte um Mittag das Blindenheim, wo viele Zöglinge darauf warteten, abgeholt zu werden. Als ein Aufseher den Namen Louis Braille rief, schoss dieser von der Bank hoch, packte Gabriel bei der Hand und sagte: «Du sollst auch meinen Vater begrüßen!» Draußen umschlang Vater Simon seinen Sohn mit den Armen, drückte ihn fest an sich und sagte immer wieder: «Louis. Louis, mein lieber Louis.» Neben ihm stand Gabriel Gauthier. Louis ergriff dessen Hand, legte sie mit der seinen in die Hand des Vaters und sprach: «Sieh, Vater, das ist mein lieber Freund Gabriel. Er hat mir Tag für Tag geholfen und hat mir das Klavierspielen beigebracht. Vater, du musst ihn auch lieb haben!» Da umschlang Vater Simon die beiden und sagte: «Gabriel, ich danke dir für alles, womit du meinem Louis geholfen hast. Gott segne eure Freundschaft!»

Als sich die Kutsche mit Louis und seinem Vater in Bewegung setzte, ertönte von Louis ein helles «Auf Wiedersehn! Auf Wiedersehn!», und von Gabriel kam das Echo.

Auf der Heimfahrt hatte Louis viel zu erzählen; denn er konnte ja keinen Brief nach Hause schreiben. Eine Weile schlief er in den Armen des Vaters, hatte er doch vergangene Nacht im Reisefieber kaum Ruhe gefunden.

Es war Abend, als die kleine Kutsche in Coupvray ankam. Die Mutter saß erwartungsvoll auf der Bank vor dem Hause. Es gab eine stürmische Begrüßung. Als sich Louis loslöste, fragte er: «Mutter, hast du fürs liebe Pferd etwas Zucker und für den Kutscher ein Glas Wein?»

Das war ganz ihr Louis, an alle dachte er, um zu danken. Louis durfte selbst den Zucker hinhalten, einen damals sehr seltenen Leckerbissen für ein Pferd. Dann aber sprach Louis: «Das Pferd hat Durst! Vater, stell ihm einen Trog Wasser zum Trinken hin!» So geschah es. Bald saßen die Brailles und der Kutscher in der Küche bei Milch, Wein, Käse und Brot. Als Louis von der Milch getrunken hatte, rief er: «Wie herrlich die Coupvray-Milch ist, ohne Flusswasser!» Mutter Braille hatte Louis' Bett frisch bezogen. Auf das Kopfkissen hatte sie das Lederpferdchen gelegt. Sie half Louis beim Ausziehen wie früher. Er aber kramte suchend in seinem Reisesack und brachte die Silbermünze zum Vorschein. Dann sagte er zur Mutter:

«Du kannst auf dieser Münze die Königin Marie Antoinette sehen. Mein Freund Gabriel hat sie mir für die Ferienzeit als Pfand unserer Freundschaft geliehen. Wo ist das Lederpferdchen? Das hat doch eine kleine Satteltasche, darin bewahre ich die Münze auf.» Die Mutter reichte ihm das Pferdchen; dann aber sagte sie, die Münze betrachtend: «Die arme Marie Antoinette! Die Revolutionäre haben sie enthauptet, dabei war sie doch eine gütige Königin.» Als Louis auf seinem Lager war, nahm er die Münze wieder in die Hand, flüsterte leise: «Lieber Gabriel», führte sie an die Lippen und verstaute sie im Täschchen des Lederpferdchens. Als ihm die Mutter ein Schlaflied sang wie ehedem, fasste er ihre Hände, spürte den Hauch des Gesangs über sein Gesicht wehen. Ein unendlich glücklicher Vater Simon trat ein. Freude durchwärmte Louis. Im Gebet vereinigten sich ihre drei Stimmen. Das war Seligkeit von Coupvray, das war Heimat.

Am folgenden Tag galt es, Besuche zu machen. Der Dorfschmied hatte Louis' ältere Schwester geheiratet. Der Junge saß oft in der Werkstatt. Das Hämmern auf dem Amboss war ihm Musik.

Louis besuchte die Bäckersleute und lobte ihr Brot, das ihm viel besser schmeckte als das Pariser. Dann zog er aus dem Hemd die Flöte und spielte ihnen ein kleines Danklied, wie er es nannte.

Am ersten Sonntag begab sich Louis mit den Eltern in die Kirche. Vor dem Gottesdienst musste Vater Simon ihn zur Sakristei führen, wo sich Pfarrer Palluy aufhielt. Als sich die Tür auf das Klopfen hin öffnete, breitete Pfarrer Palluy seine Arme aus und umarmte Louis voll Freude. «Morgen, wenn die Kirche Mittag läutet, kommst du ins Pfarrhaus zum Essen. Madame Piot wird sich freuen. Dann kannst du mir erzählen.» Während des Gottesdienstes saß Louis wie früher zwischen den Eltern und hielt ihre Hände. Als der Pfarrer sang, drückte er sie ganz fest. Hinterher sagte die Mutter: «Er hat heute viel kräftiger gesungen als sonst, und immer wieder hat er zu uns hingeschaut.»

Nach dem Gottesdienst musste Vater Simon Louis zur Orgel führen, wo der Dorfschullehrer Becheret das Ausgangsspiel ertönen ließ. Kaum hatte er geendet, da sprach hinter ihm eine helle Stimme: «Monsieur Becheret, das hat schön geklungen! Aber der Ton ‹*f*› in der Orgel tönt etwas falsch. Er ist zu tief. Sie müssen diese Pfeife stimmen!» Herr Becheret hatte Louis schon an der Stimme erkannt. Freudig sprang er von der Orgelbank auf, und auch er schloss Louis in seine Arme. Dann aber musste Louis den Ton ‹*f*› auf der Taste drücken. Becheret öffnete eine seitliche Orgeltür, nahm die ‹*f*›-Pfeife heraus und stimmte sie etwas höher. Lachend schloss er die Tür und sagte: «Louis, jetzt spiel ich ganz für dich noch ein Präludium von Rameau!»

Andächtig hörte Louis zu, dankte und sagte: «Monsieur Becheret, im Blindenheim gibt's für gute Klavierspieler auch Orgelstunden. Da werde ich viel arbeiten, damit ich ihnen nächstes Jahr auch auf der Orgel vorspielen kann!»

Als Louis eine Weile später auf dem Bänklein vor dem Hause saß, duftete die Sommerlinde wunderbar. Die Bienen summten Musik. Louis griff nach seiner Flöte und spielte aus dem Stegreif den Psalm, das Loblied, das heute in der Kirche gesungen worden war.

Der Montag

Die Kirchenglocke läutete Mittag. Die Köchin empfing Louis. Sie strahlte vor Freude, ihn wiederzusehen. «Mein lieber Louis», sagte sie, «du musst noch etwas Geduld haben, das Essen ist bald fertig.» Monsieur Palluy öffnete die Tür seines Studierzimmers. Er führte Louis zur Sofaecke und fragte: «Nun, wie gefällt es dir in Paris?» Louis antwortete: «Es gibt gute Lehrer und liebe Mitschüler. Aber das Haus ist muffig, feucht und unfreundlich. Das Krankenzimmer ist immer besetzt von Schülern. Glücklicherweise gibt es die Musik. Ich spiele Klavier und will auch die Orgel lernen.» – «Wie steht's mit Schreiben und Lesen?» – «Man hat mit Buchstaben beschnitzte Holzplatten, aber da steht nicht viel drauf. Man hat auch Holzbuchstaben, die man auf Brettern zu Worten zusammenfügen kann, und dann noch Buchstaben, die sind aus Blei gegossen. Oh, gäbe es doch für Blinde eine Schrift und Tastbücher; darüber denke ich oft nach, wenn ich in der Nacht aus dem Schlaf erwache.» Der Pfarrer nickte verständnisvoll, aber da rief schon Madame Piot: «Im Speisezimmer ist das Essen gerichtet!»

Monsieur Palluy führte Louis hinüber, setzte ihn an den Tisch und sprach: «Madame Piot wird uns beiden bald das Essen bringen.» Da fragte Louis:

«Darf Madame Piot nicht auch mit uns essen? Bitte, Herr Pfarrer, ich hab sie so lieb! Lassen Sie sie mit uns essen, bitte!» – Madame Piot brachte eben eine dampfende Schüssel herein und hatte die letzten Worte von Louis gehört. Pfarrer Palluy wandte sich zu ihr: «Louis möchte Sie mit uns zu Tisch bitten. Der Gast ist König. Bitte bringen Sie für sich Teller und Besteck! Setzen Sie sich neben Louis.» So geschah es. Als sie an Louis' Seite saß, ergriff er ihre Hand, streichelte sie und sagte: «Sie haben so gute, fleißige Hände, und Herr Pfarrer hat so schöne, schlanke Hände zum Beten.» Jacques Palluy lächelte und sprach das Tischgebet. Madame Piot schöpfte für Louis Gemüse und Bratkartoffeln. Er wartete aber mit Essen und bat: «Im Heim dürfen wir erst mit dem Essen beginnen, wenn das Hämmerchen geklopft hat. Bitte, Herr Pfarrer, pochen Sie auf den Tisch, wenn alle Teller gefüllt sind.» Madame Piot gurgelte vor Lachen; aber Monsieur Palluy klopfte brav auf den Tisch, und die Ess-Zeremonie begann. Louis erzählte: «Im Heim dürfen wir beim Essen nicht reden, aber hier möchte ich Madame Piot sagen, wie herrlich das Gemüse und die Bratkartoffeln schmecken.» Still beobachteten der Pfarrer und seine Köchin, wie fein und sittsam Louis aß. Es schmeckte ihm so, dass er sich zweimal nachgeben ließ.

«Zum Nachtisch gibt es noch ‹Omelette soufflée›», bemerkte Madame Piot. «Ich habe alles gerichtet. Ich bring die Omelettes ganz frisch von der Pfanne.»

Nach dem Essen begaben sich Louis und Monsieur Palluy wieder in das Studierzimmer, und Louis musste ihm nun vom Unterricht und von den Werkstätten erzählen und dass er vielleicht schon nächstes Schuljahr Schuhe fertigen dürfe, da er sich vom Vater her gut auf Leder verstehe. Plötzlich aber sagte er: «Herr Pfarrer, Sie haben mir einen schönen Kristall geschenkt. Er ist in der Normandie.» – «Hast du ihn weitergeschenkt?», erkundigte sich Monsieur Palluy, «– oder verkauft?» – «Nein, ich habe ihn für die Ferienzeit meinem besten Freund ausgeliehen: Gabriel Gauthier.» Und nun erzählte Louis mit innerer Wärme von seinem Helfer und Freund. Wie durch ihn trübe Tage im Heim von der Sonne der Freundschaft erhellt wurden. «Er ist mein guter Engel Gabriel. Und er hat mir als Pfand eine silberne Marie Antoinette ausgeliehen. Die habe ich in mein Lederpferdchen gestopft unter meinem Kopfkissen. Vor dem Einschlafen denken wir aneinander. Herr Pfarrer, ich kann es mir nicht anders denken: So muss Christus die Menschen geliebt haben, wie wir uns lieben können.»

Es klopfte, Madame Piot brachte dem Herrn Pfarrer eine Tasse Kaffee, stellte sie auf seinen Schreibtisch, strich im Hinausgehen Louis zwei-, dreimal über die Haare und verschwand.

Nach längerem Gespräch erhob sich Louis. Seine Mutter hatte ihn ermahnt, dem Pfarrer nicht zu viel Zeit wegzunehmen. Jetzt scheute er sich nicht, ihn zum Abschied zu umarmen, und wieder kamen ihm die Worte: «Gott segne Sie!»

Die Küchentür knarrte, Madame Piot erschien, umarmte Louis und sprach: «Grüße mir deine liebe Mutter und den Vater.» Er antwortete: «Madame Piot, Sie sind ja gütig und lieb wie eine Mutter! Gott segne Sie!»

Lange blieb die Tür des Pfarrhauses offen. Zwei Menschen schauten schweigend ihrem Louis nach und gingen wieder still an ihre Arbeit.

Beim Spielen

Vater Simon hatte in Paris zwei Holzwürfel mit leicht eingebohrten, vertieften Löchern gekauft. Wenn Feierabend in Coupvray war, saßen sie zu dritt am Tisch. Mutter Braille hatte eine Schachtel mit Hemdknöpfen. Wenn sie mit den Würfeln spielten, bekam jeder Spieler zu Beginn ein Dutzend Knöpfe. Bei jeder Würfelrunde setzte jeder einen Knopf in ein Tellerchen. Louis bat, er möchte jeweils die Oberseite der beiden Würfel erspüren und zusammenzählen. Wer in einer Runde gewann, durfte die drei Knöpfe im Teller zu sich nehmen. Bald gewann dieser, bald jener. Wer keinen Knopf mehr hatte, musste aussteigen, bis der Sieger alle 36 Knöpfe hatte. So flink konnte Louis die Würfelzahlen erfühlen, dass das Spiel munter dahinlief. Er sagte: «Wenn die Würfel für die Zahlen statt Löcher kleine Buckel hätten, wären die Zahlen noch besser zu erkennen. Vater, darf ich morgen mit deiner Hilfe in jedes Loch einen kleinen Kopfnagel schlagen?» Dieser antwortete: «Ja, mit den feinsten Tapeziernägeln wird es gehen.»

So konnten sie am folgenden Abend mit Punktwürfeln spielen. Dann erbat sich Louis beim Dorfschreiner kleine, flache Abfall-Leistchen. In der Werkstatt schlug er mit den feinen Tapeziernägeln

DER MUTTER
VIELENDANK

Grußworte hinein. Auf einem Holz konnte man lesen: «DANKE MUTTER FÜR DAS ESSEN!» Nach jedem Mittagessen zog er das Nagelhölzchen aus dem Hosensack und legte es vor die erfreute Mutter. Ein anderes war benagelt mit «GRUSS UND DANK FÜR M. PALLUY», und wieder ein anderes «GRUSS UND DANK FÜR MADAME PIOT». Heimlich steckte er die Hölzchen in den Türkasten beim Pfarrhaus.

Immer wieder kam in Louis der Gedanke auf: Könnte man für uns Blinde nicht einfachere Punktbuchstaben erfinden? Vom Schreiner hatte er einige gehobelte kleine Tannenholz-Bretter geschenkt bekommen. Mit einer Ahle beschäftigte er sich mit einfachen Punktbuchstaben. Ja, oft saß er vor dem Haus auf der Bank und drückte mit solchem Eifer Wörter in das Holz, dass er zu grüßen vergaß, wenn ein Bauer auf dem Karren vorbeifuhr. Von da an machte er immer neue Versuche, wie man eine leicht lesbare Punktschrift erfinden könnte.

Wieder im Heim

So lieb und wohltuend ihm Coupvray auch war, Louis freute sich doch auf die Menschen im Heim, auf Freund Gabriel und auf das Klavierspielen. Nun geschah etwas, was ihm zum tiefen Erlebnis wurde.

In Paris gab es ein Original von einem Menschen: Charles Barbier. Er war Artillerie-Hauptmann im Heer König Ludwigs des Sechzehnten. Bei Nachtübungen war es schwierig, schriftlich Befehle zu übermitteln, und so erfand er eine «Nachtschrift», um in der Finsternis geheime Botschaften weiterzugeben. Damals kannte man noch keine Zündhölzer. Mit einem festen Stichel drückte Barbier Worte in einer Punktschrift in Karton; man brauchte einen «Schlüssel», um sie zu lesen. Jede Silbe der Worte «Vorwärts» oder «Rückzug» hatte ihre Punkte. Von der Rückseite waren diese Punkte erhaben. So gab es eine Art von Tastschrift im Dunkeln.

Charles Barbier kam selber darauf, dass diese Tastschrift eventuell den Blinden dienen könnte. Er suchte den Direktor des Blindenheimes auf. Der fand es interessant, aber etwas kompliziert. In einer Zusammenkunft mit Lehrern und Schülern erzählte er davon. Barbier verwendete zwei senkrechte Punktreihen mit je sechs Punkten, also zwölf Punkte für eine Silbe oder einen Laut. Zum Beispiel:

F =  S = 

Louis war begeistert: Buchstaben und Silben in erhabenen Punkten. Er ließ sich von einem Lehrer die ganze Barbier-Punktschrift geben, und er dachte: Sie ist zu kompliziert; das hat jemand erfunden, der mit Augen die Punkte sieht. Man müsste alles vereinfachen für tastende Finger.

Nun war Louis immer wieder damit beschäftigt, eine einfache Buchstaben-Punktschrift zu erfinden. Mehr als sechs Punkte für einen Buchstaben durften es nicht sein. Oft erwachte er in der Nacht, nahm unter dem Kissen ein Brettchen oder einen Karton hervor und den Stichel, übte und studierte. Einmal erwachte sein Freund Gabriel und flüsterte: «Louis, hör auf! Du musst schlafen, sonst wirst du krank.» Louis seufzte: «Gabriel, es muss sein! Ich bin auf der Spur. Blinde sollen lesen und schreiben können.» Gabriel merkte, er konnte Louis nicht davon abbringen, doch er war in Sorge um seinen Freund.

Im Heim wusste man um Louis' Eifer. Einige der Mitschüler lachten darüber, andere waren gespannt, ob etwas herauskommen würde.

Eines Tages rief ihn Direktor Pignier in sein Büro. Er hatte Besuch vom Hauptmann Barbier. «Ein Schüler beschäftigt sich mit Ihrer Punktschrift, will sie aber vereinfachen», hatte er diesem berichtet. «Ich lasse ihn holen.» Und plötzlich stand der 55-Jährige, mit Orden geschmückte Artillerie-Hauptmann dem blassen, schmächtigen dreizehnjährigen Louis gegenüber. Der

Knabe kritisierte klar einige Unzulänglichkeiten und machte Verbesserungsvorschläge. Der Hauptmann hörte ihm mit wohlwollender Aufmerksamkeit zu, verteidigte aber sein System mit Ordonnanz-Stimme, sodass Louis verstummte. Er wurde entlassen. Immerhin bemerkte Barbier: «Ein intelligenter Knabe, ein kleines Genie!»

Ein besonderes Fest

Der einstige Begründer des Blindenheimes, Valentin Haüy, war 1821 ganz verarmt aus Russland zurückgekehrt. Zu seinen Ehren wollte Direktor Pignier ein Sommerfest veranstalten. Es war Semesterende. Die Schüler hatten wochenlang Chöre, Orchesterstücke und eine Kantate einstudiert. Am folgenden Tag durften sie in die Sommerferien. Die Eingangspforte wurde mit Efeu und Blumen geschmückt, die Schulzimmer und der Speisesaal dekoriert. Louis' Vater war schon gekommen, um ihn nach der Feier mit nach Coupvray zu nehmen. Als der greise Valentin Haüy eintraf, standen die Schüler zum Willkomm Spalier und sangen.

Im Hof war ein Podium aufgestellt, von wo aus die musikalischen Darbietungen und die Rede von Direktor Pignier die Festgemeinde begeisterten. Beim Essen im Speisesaal bat Louis: «Vater, ich möchte Monsieur Haüy die Hände drücken! Bring mich bitte zu ihm!» Als Louis die knochigen Hände des Heimgründers in seine zarten Hände nahm, war ihm, als ob ein Wärmefeuer in ihn hineinströme. Er beugte sich nieder, drückte seine Lippen auf des Alten Hand und sprach: «Monsieur Haüy, wir Blinden danken Ihnen. Gott segne Sie!»

So konnte der Gründer des Heimes an diesem Tag, nach viel Kampf und Leid, Freude und Dankbarkeit ernten. Unter Tränen umarmte er den feinen Knaben und sprach: «Gott hat alles vollbracht!»

Im Laufe des Nachmittags reiste Louis mit dem Vater Richtung Coupvray.

Die Punktschrift ist da!

Immerzu in den Ferien war Louis mit seiner Schrift beschäftigt. Außer den im Französischen ungefähr vierzig Buchstaben und Lauten sollten auch zehn Zeichen für die Satzzeichen (Komma, Punkt, Fragezeichen, Ausrufezeichen und so weiter) gefunden werden und ebenso für die Zahlen von 0 bis 9, womit der ganze Zahlenraum geschrieben werden konnte. Satzzeichen und Zahlen erfand Louis mit genialem Einfall.

Er konnte mit sechs Punkten 63 Zeichen schaffen.

A	B	C	D	E	F	G	H	I	J
⠁	⠃	⠉	⠙	⠑	⠋	⠛	⠓	⠊	⠚

Den Zeichen der ersten Reihe ein Punkt links unten hinzugefügt, ergibt:

K	L	M	N	O	P	Q	R	S	T
⠅	⠇	⠍	⠝	⠕	⠏	⠟	⠗	⠎	⠞

Zwei Punkte links und rechts unten den Zeichen der ersten Reihe hinzugefügt, ergibt:

U	V	X	Y	Z	Ç	É	À	È	Ù
⠥	⠧	⠭	⠽	⠵	⠯	⠿	⠷	⠮	⠾

Ein Punkt rechts unten den Zeichen der ersten Reihe hinzugefügt, ergibt:

Â	Ê	Î	Ô	Û	Ë	Ï	Ü	Œ	W
⠡	⠣	⠩	⠹	⠱	⠫	⠻	⠳	⠪	⠺

Die Zeichen der ersten Reihe eine Stufe tiefer gestellt, ergeben die Satzzeichen:

,	;	:	.	?	!	()	«	*	»
⠂	⠆	⠒	⠲	⠢	⠖	⠶	⠦	⠔	⠴

Das Ziffernzeichen ⠼ vor die Zeichen der ersten Reihe gesetzt, ergibt:

1	2	3	4	5	6	7	8	9	0
⠁	⠃	⠉	⠙	⠑	⠋	⠛	⠓	⠊	⠚

Nach den Sommerferien, als er wieder im Heim war, Ende Oktober, schloss Louis als Sechzehnjähriger seine Erfindung ab.

Er hatte nach und nach seinen Freund Gabriel Gauthier eingeweiht. Dieser war begeistert. Er half, die Schrift an andere Mitschüler weiterzugeben. Man schrieb sich kleine Mitteilungen im Heim mit Punktschrift. Louis erklärte Dr. Pignier seine Erfindung. Dieser erkannte ihre Weltbedeutung für Blinde. Wie ein Lauffeuer ging es durch das Heim, und die meisten Schüler konnten schon bald mit Braille-Punkten schreiben, sich Notizen machen und Briefe an Freunde schreiben. Dr. Pignier ließ extra Schreiblineale für diese Schrift fertigen, und bald schrieb das ganze Institut in Braille-Schrift. Ja, er erteilte Louis die Aufgabe, in gewissen Fächern jüngere Schüler zu unterrichten.

Zum Klavierspiel erlernte Louis jetzt auch das Orgelspiel, in dem er bald tüchtig wurde. Zudem entwickelte er eine Notenschrift für Blinde, mit Hilfe deren man Musikstücke nicht nur nach dem Gehör, sondern von dicken Punkt-Blättern studieren konnte.

Louis Braille wusste, dass er dem Hauptmann Barbier eine wichtige Anregung verdankte. Als er in Punktschrift eine französische Grammatik herausgab, schrieb er im Vorwort: «Wenn wir die Vorteile erwähnen, die unser Verfahren gegenüber jenem Barbiers aufweist, so müssen wir zu Ehren von Hauptmann Barbier beifügen: Aus seiner Methode schöpften wir die Idee für die unsrige.» Hauptmann Barbier wiederum hat in einem Schreiben Louis Braille zur neuen Punktschrift gratuliert. So schien alles auf guten Wegen, wäre nur Louis' Gesundheit nicht angegriffen gewesen.

Im Salon

Zu dieser Zeit gab es in Paris einige wohlhabende Leute, die in ihren Salons von Zeit zu Zeit künstlerische Abende mit Musik, Dichterlesungen und Gesprächen veranstalteten. An solchen Veranstaltungen nahm der Leiter des Heimes, Dr. Pignier, teil. Da kam er auf den Gedanken, Louis dort einzuführen. «Louis», sagte er zu ihm, «du bist so ein tüchtiger Klavierspieler geworden. Du solltest auch noch außerhalb des Heims Menschen kennenlernen. Am nächsten Sonntagabend nehme ich dich mit in den Salon von Madame de Vigier. Dort steht ein schöner Flügel. Würdest du darauf spielen und ihren Gästen Freude bereiten?»

Der Salonabend kam heran, und Dr. Pignier, Hand in Hand mit Louis, wurde von einem Diener die Marmortreppe hinaufgeführt. Louis fragte: «Ist das Haus voller Blumen? Es duftet so schön!» – «Nein», erwiderte Monsieur Pignier, «du riechst das Parfüm der Damen, Rosenöl, Lavendel.»

Madame de Vigier begrüßte Dr. Pignier: «Ah, Sie sind es, Herr Doktor. Und das ist der blinde Knabe, der für uns spielen wird?» – «Ja, Louis Braille.» Ein Hauch von Rosenduft wehte ihn an. Madame legte freundlich ihren Arm auf Louis' Schulter. Ja, er sah wirklich noch aus wie ein Knabe, blass und schmal, aber die blonden

Haare umgaben seinen Kopf mit einem lichten Schein. Madame de Vigier fand, er sei schön wie ein Engel. «Wir setzen Louis Braille nebenan ins Künstlerzimmer», sagte sie dann. «Wenn die ganze Gesellschaft beisammen ist, wird er uns zur Begrüßung spielen. Herr Doktor wird wohl bei ihm bleiben und ihn, wenn's so weit ist, hereinbringen und vorstellen. Ein zweiter Stuhl steht neben dem Flügel reserviert für Sie.» Madame führte die beiden in den kleinen Salon, wo sie allein auf einem Seidensofa Platz nehmen konnten. Monsieur Pignier ließ die Augen umherschweifen und erblickte auf einer Kommode zwei Plastiken, verkleinerte Kopien der Venus von Milo und des Apollo. Er sprach zu Louis: «Du kennst aus der Geschichte das Volk der Griechen, das Sinn für Schönheit hatte. Hier im Salon sind zwei Kopien ihrer schönsten Bildwerke aufgestellt. Ich führe dich hin, dass du sie ertasten kannst.» Sachte führte er Louis' Hände an die Venus-Plastik heran. Louis glitt mit zarten Fingern über ihr Haupt, ihr Antlitz, ihre abgebrochenen Arme, ihren Leib und nach unten in das in Falten fließende Gewand. Nach einer Weile sagte Louis: «Das ist ja Musik, in feste Form gebracht!» Und dann führte Monsieur Pignier Louis' Hände zur Apollo-Gestalt. Nun ertasteten die gleitenden Finger den göttlich schönen Körper des Apollo in allen Feinheiten. Danach sprach Louis: «Solche Schönheit konnte nur Gott erschaffen! Ich danke Ihnen, Monsieur Pignier, dass Sie mir das gezeigt haben!»

Sie saßen noch nicht lange wieder auf dem Sofa, da kam Madame de Vigier herein und verkündete: «Die Gesellschaft ist in Erwartung des Wunderknaben.»

Nun standen die beiden vor dem Flügel, Hand in Hand. Dr. Pignier wandte sich an die noble Gesellschaft. «Verehrte Damen und Herren. Sie können jetzt einen Knaben aus dem Blindenheim St. Victor spielen hören. Er ist nicht nur Klavierspieler – er hat für Blinde eine Tastschrift erfunden: Louis Braille.» Wie es ihm zuvor sein Begleiter beigebracht hatte, verbeugte sich Louis tief und lächelte. Man spürte, er war gleich in viele Herzen aufgenommen. Er tastete sich den Flügel entlang zum Stuhl, fuhr zuerst stumm tastend über die Klaviatur. Tiefe Stille war im Raum. Bevor er das Werk eines Meisters zu spielen begann, hielt Louis, nach seiner Gewohnheit, seine Handflächen etwas aufwärts gerichtet und neigte sein Haupt, als ob er den Meister begrüßen wollte. Dann senkten sich die Hände, und in perlendem Spiel erklang Mozart. Die Heiterkeit der Musik strahlte aus dem blassen, durchgeistigten Antlitz von Louis. Als die ganze Sonate zu Ende war, kam jubelnder Beifall. Der Spieler stand auf, verneigte sich. Aber eine Dame ganz vorn erhob sich, löste von ihrem Kleid die eingesteckte Rose, trat spontan zu Louis und schenkte sie ihm mit Kuss und Umarmung. Louis war etwas verwirrt, verbeugte sich wiederum, und Monsieur Pignier führte ihn aus dem Salon. Er sollte ja später nochmals auftreten.

Mittlerweile ergriff die Rosendame das Wort:

«Verehrte Damen und Herren! Ich werde mir gestatten, heute Abend zugunsten des blinden Wunderknaben ein Körbchen beim Ausgang aufzustellen.» Beifall war die Antwort. Getränke wurden herumgereicht, Gespräche schwirrten durch die Luft. Ein Diener brachte nebenan zu Louis und Monsieur Pignier einige Delikatessen.

Beim zweiten Auftritt spielte Louis ein virtuoses Stück von Scarlatti. Nach dem Beifall blieb er am Flügel stehen, beglückt von der Freude, die er erregt hatte, und sprach: «Liebe Damen, liebe Herren, verehrte Madame de Vigier! Da Sie mir so viel Freude bereitet haben, möchte ich Ihnen danken mit einem improvisierten Stück von mir selbst.»

Einige schwere, tiefe Akkorde ließen aufhorchen. Das war keine Unterhaltungsmusik. Dann aber war es, wie wenn aus der Tonfinsternis sich ein lichtes Weben befreite, es tönte, wie wenn im Sommer die Bienen im Lindenbaum musizieren. Es ging über in Takt- und Akkordsprünge, hörte sich an wie ein Reiterstück, sänftigte sich und endete choralartig in einer Art Danklied.

Die Zuhörer waren so ergriffen, dass sich zuerst kaum Beifall regte. Hatte nicht der Knabe sein eigenes Schicksal in Töne gesetzt? Madame de Vigier hatte sich erhoben, nahm Louis bei der Hand, küsste ihn auf die Stirne und sprach: «Lieber Louis Braille! Wir sehenden Menschen verzetteln uns oft in den Äußerlichkeiten des Lebens. Du hast uns mit Tönen zum Erleben gebracht, dass die Menschenseele Tiefen

hat, die für uns oft zugedeckt sind. Du hast sie uns aufgebrochen. Wir danken dir!» Und nun erhob sich ein warmer Applaus. Louis durfte manchen Händedruck und manch gutes Wort empfangen, und im Gespräch über sein Leben, über die Punktschrift und alles, was auch ihn bewegte, mit Menschen sprechen, die in ganz anderen Lebensaufgaben standen. Gegen Mitternacht brachen die Besucher auf. Madame de Vigier aber sprach zu Louis und Dr. Pignier: «Wenn alle fort sind, möchte ich Louis bitten, aus sich heraus mir ein Abend-Schlaflied zu spielen. Meine Seele ist so bewegt.»

Und so kam es, dass Louis im stillen Haus nochmals am Flügel saß. Was ihm die Mutter beim Einschlafen in Coupvray gesungen hatte, klang auf in Variationen, die gegen Ende verklangen wie ferner Harfenton.

Ein Sohn der Madame de Vigier hatte den schweren Inhalt des Körbchens in ein Säcklein gebunden und überreichte es Dr. Pignier mit den Worten: «Eine Gabe für Louis Braille.»

Im Heim übergab Monsieur Pignier Louis dem Nachtwächter. Er sprach zu ihm: «Morgen wollen wir gemeinsam das Säcklein öffnen. Louis, du warst wunderbar! Ich danke dir!»

Als der Nachtwächter Louis in den Schlafsaal geleitete, flüsterte dieser: «Mein Bett finde ich selber.» Er tastete sich zu Nummer 14. Als er sich auszog, bemerkte er, dass Gabriel nicht schlief. Er tastete mit der Hand zu ihm, drückte seine Rechte und flüsterte ihm ins Ohr: «Das Schönste auf der Welt ist doch, andern Menschen Freude zu bereiten! Morgen hab ich dir viel zu erzählen. Schlafe wohl!» Gabriel erwiderte: «Den ganzen Abend hab ich dir den Daumen gedrückt; er hat mich richtig geschmerzt. Bin so froh, dass es dir mit der Musik gut gelang! Gute Nacht!»

Louis und Direktor Pignier

Als Dr. Pignier am andern Morgen den erfolgreichen Louis in sein Büro rufen ließ, setzte er sich mit ihm an einen Tisch. Er reichte ihm das verschnürte Säcklein vom Salonabend zum Öffnen hin, damit Louis selber den Inhalt ausschütte. Louis' Finger taten dies geschickt und mit Sorgfalt, sodass keine Münzen auf den Boden kollerten. Dr. Pigniers Augen wurden größer, als er unter den Münzen einige Goldstücke wahrnahm. Er half Louis die Silbermünzen aufschichten. Kupfer war keines dabei. Dann schob er Louis einen kleinen Stapel Goldstücke zu und sprach: «Fühl einmal, Louis, da sind sieben Goldmünzen, ein kleines Vermögen, mehr wert als alles Silber zusammen.» Louis hatte noch nie Gold auf der Hand gehabt. Er ergriff eine Goldmünze und sagte: «Die sind aber schwer! Gehört das wirklich alles mir? Was soll ich damit?» Da zuckte ein Gedanke in ihm auf, und er fuhr fort: «Monsieur Pignier, das Gold soll unserem Heim zugute kommen! Aber eines der Stücke gehört Ihnen! Bitte! Sie haben mich zu den gütigen Menschen geführt.» Und flink steckte er ein Goldstück in Pigniers Rocktasche. Dieser lachte und wehrte sich nicht. «Du bist ein Verschwender, Louis», sagte er, «aber das Heim kann Gold sehr wohl brauchen! Wenn du willst, hebe ich dir das Silbergeld auf,

und wenn du davon haben möchtest, kommst du zu mir. Stecke ein paar Silberlinge in deine Tasche!» Fast schüchtern ließ Louis einige Münzen in seine Tasche gleiten. Er gedachte, sie mit Gabriel zu teilen. Dann erzählte er: «Ich möchte ja gerne mit Gabriel Gauthier und Freunden, die die Punktschrift gut schreiben, einige Bücher für das Heim fertigen. Jetzt habe ich Geld für gutes Papier und Schreibwerkzeug, und der Buchbinder kann auch bezahlt werden.»

Mit Eifer gingen seine tüchtigsten Punktschrift-Freunde ans Werk, als festes Papier, einige Schreibtafeln und neue Lineale besorgt waren. Da gab es bald einen Band mit den Joseph-Geschichten aus dem Alten Testament, einen mit Erzählungen aus dem Neuen Testament, Naturkunde, Geografie und drei Geschichtsbände. Zwei sehende Lehrer konnte Louis dafür gewinnen, dass sie aus Büchern diktierten. Das war ein Eifer in der Freizeit. In mühsamer Arbeit entstanden in Monaten etwa zehn Bücher in Großformat. Es war die erste kleine Blindenbibliothek, die immerzu benutzt werden konnte.

Der junge Hilfslehrer

Louis war neunzehn Jahre alt, als ihm Dr. Pignier eröffnete: «Da du in vielen Schulfächern so tüchtig bist, stellt dich das Heim als Hilfslehrer an. Du bekommst von nun an ein eigenes Zimmer und jeden Monat fünfzehn Francs.» Louis war überglücklich; doch bat er: «Kann Gabriel Gauthier, der doch jetzt Klavier unterrichtet, nicht auch Hilfslehrer sein für Musik und für sich auch ein Zimmer bekommen?» Dr. Pignier versicherte, er werde es im Kollegium besprechen. Es wurde bewilligt.

Louis war aufgetragen, als Hilfslehrer Grammatik, Rechnen und Geografie zu unterrichten. Er tat das so lebendig, dass die Schüler froh und lerneifrig wurden.

In stillen Stunden arbeitete er an der Vervollkommnung der Musik-Notenschrift.

Im Frühjahr 1831 erreichte den 22-jährigen Louis die Nachricht, sein Vater sei unerwartet gestorben. Dieser hatte sterbend noch einen Brief an Dr. Pignier diktiert, worin er den Direktor bat, seinem blinden Sohn Louis väterlich beizustehen. So dachte Simon Braille in den letzten Lebensstunden an seinen innig geliebten Sohn.

Louis reiste unverzüglich nach Coupvray. Er kam

abends an. Der Vater war in einer Kammer aufgebahrt. Sie war von Kerzen- und Blumenduft erfüllt. Mutter Monique nahm Louis' Hände und legte sie sachte auf des Vaters Hände. Louis dachte: Mit diesen Händen hat er für uns, für andere Menschen, für die Pferde unermüdlich gearbeitet. Sie haben mich so oft gestreichelt und geführt. – Dann tastete Louis nach dem Antlitz des Toten. Da stieg in ihm das Bild des Vaters auf, wie er ihn als kleiner Knabe noch gesehen hatte und in sich trug. Er tröstete die Mutter: «Die Menschenseele ist unsterblich, und wir werden dereinst dem Vater wiederbegegnen, wenn auch wir die Erde verlassen.»

Als Louis ins Heim zurückgekehrt war, spürte er, Monsieur Pignier hatte den Sterbebrief seines Vaters wie ein Vermächtnis aufgenommen. Er war gütig zu ihm wie ein Vater, kümmerte sich stets um seine Gesundheit, schaffte ihm Ruhepausen zur Erholung. Pignier erreichte auch, dass Louis und Gabriel etwas später zu ordentlichen Lehrern befördert wurden mit einem Jahresgehalt von damals 300 Francs. Sodann ermöglichte er es, dass die neue Blindenschrift auf einer Gewerbeausstellung in Paris erstmals öffentlich gezeigt werden konnte.

Zu dieser Zeit schloss Louis Braille die Ausbildung als Organist ab und erhielt in der Kirche St. Nicolas-des-Champs eine Anstellung, die ihm auch guten Verdienst brachte. Einmal kam einer seiner Orgelschüler in eine finanzielle Notlage. Louis überließ ihm für mehrere Monate die bezahlte Organistenstelle. Immer öfter litt Louis an Schwächeanfällen, Schwindel und Atemnot. Das ungesunde Heim hatte in ihm eine Lungenerkrankung bewirkt. Der Arzt stellte Tuberkulose fest, wogegen es damals keine Mittel gab. Louis musste sich schonen und den Unterricht etwas einschränken. Dr. Pignier zeigte einem ihm befreundeten, bekannten Schriftsteller das überalterte Heim. Dieser schrieb an die Regierung über das ungesunde Gebäude:

«Keine Beschreibung dieses Baues kann Ihnen ein Bild geben von den engen Räumen. Ekelhaft und finster sind diese kleinen Kammern, die man Unterrichtsräume nennt. Diese krummen, wurmstichigen Treppen. Ich begnüge mich, meine Herren, Ihnen zu versichern, dass das Geld des Haushaltes niemals besser angewendet wird als zur Förderung des Geistes derer, denen die Natur den kostbarsten unserer Sinne geraubt hat.»

So gab es in der Folge Bestrebungen, ein neues, gesünderes Heim zu bauen.

Louis wollte seine Krankheit nicht wahrhaben und versuchte, sein großes Arbeitspensum durchzuhalten. Doch in einer Nacht packte ihn ein heftiges Fieber. Es kam zu einem Blutsturz. Er rief um Hilfe. Gabriel Gauthier eilte aus dem Nebenzimmer herbei und holte über Treppen Dr. Pignier. Dieser kümmerte sich um Louis' Pflege. Als er sich erholt hatte, reduzierte er nochmals seine Unterrichtsstunden. Ferien in Coupvray und die Fürsorge der Mutter stärkten Louis' Gesundheit wieder. Man kannte damals noch nicht die schleichende Zerstörung durch die Tuberkulose-Bazillen.

Wieder im Heim übernahm Louis unermüdlich seine vielen Pflichten.

Direktorenwechsel

Louis Braille hatte wohl bemerkt, dass der Vizedirektor Dr. Dufau sich nicht für die neue Schrift einsetzte und gelegentlich die Bemerkung machte, sie trenne die Sehenden von den Blinden. Nun war dieser Dr. Dufau ein ehrgeiziger Herr, und er trachtete danach, Dr. Pignier zu verdrängen, um an dessen Stelle zum Ersten Direktor aufzurücken. Er schwärzte ihn beim Erziehungsministerium an, und durch diese Intrigen wurde Dr. Pignier tatsächlich entlassen. Dr. Dufau hatte sein Ziel erreicht. Für das Heim hatte das ungute Folgen. Im Unterricht durfte die Braille-Schrift nicht mehr gelehrt werden. Man musste wieder die altmodische Buchstabenschrift des Alphabetes für Sehende als Tastschrift verwenden. Heimlich aber benutzten die Schüler die viel bessere Braille-Schrift. Es kam zum Leide von Louis so weit, dass Dr. Dufau die Punktschrift verbot. Das alles schwächte Louis noch mehr. Immer wieder musste er ins Krankenzimmer, und als er tagelang Blut spuckte, entschied der Arzt, Louis müsse für ein halbes Jahr zur Erholung aufs Land nach Coupvray. Es war ein trauriger Abschied von all den Freunden im Heim; aber es musste sein. In Coupvray empfing ihn seine Mutter mit gedämpfter Freude. Sie umsorgte ihn wunderbar. Leider waren

Pfarrer Palluy und Lehrer Becheret beide gestorben. Zu aller Erstaunen erholte sich Louis auf dem Lande recht gut, sodass er nach sechs Monaten einigermaßen gekräftigt wieder nach Paris zurückkehren konnte.

Was ihn zuerst empfing, waren Freundschaft und Dankbarkeit seiner Freunde, dass er wieder da war. Das neue Heim war im Bau, aber noch nicht fertig. Louis merkte seinen Freunden an, dass etwas nicht stimmte. Als er mit Gabriel Gauthier allein auf seinem Zimmer war, begann dieser zu erzählen: «Kaum warst du fortgereist, hat der Direktor das Verbot gegen deine Schrift verschärft. Wenn Schüler dabei ertappt wurden, dass sie punkteten, gab es Strafen. Manchmal wurde mit einem Stock auf ihre Finger geschlagen.» Louis erblasste und fragte: «Hat sich von den Lehrern denn niemand für die Punktschrift eingesetzt?» – «Sie wagten es nicht gegen die Härte des Direktors Dufau. Die Schüler mussten nun nach seiner Buchstaben-Methode umlernen.»

Gabriel schwieg, und plötzlich merkte Louis, dass er leise schluchzte. Er ergriff die Hand des Freundes und fragte: «Was sollen deine Tränen?» Stoßweise brachte Gabriel hervor: «Dr. Dufau hat unsere Punktschrift-Bücher verbrennen lassen, die Arbeit eines Jahres.» «Sind alle verbrannt?» – «Ja, alle.» Gabriel umschlang weinend seinen Freund. Dieser saß wie erstarrt da und begann Gabriel zu trösten: «Das ist ein Unglück! – Aber die Schrift wird ihren Weg in die Welt machen. Vielleicht dürfen wir dies noch

erleben.» Gabriel erwiderte: «Bei dieser ganzen üblen Sache hat der neue Vizedirektor Dr. Guadet nicht mitgemacht. Ihn hat ja Dufau berufen. Ich meine, er könnte überzeugt werden, wie viel besser die Punktschrift für uns Blinde ist.» – «Lassen wir die Sache laufen», meinte Louis. «Du weißt ja, ich habe von der kaiserlichen Familie in Wien, die einen blinden Prinzen hat, eine Einladung bekommen, nach Wien zu gehen, um ihn die Schrift zu lehren. Ich konnte aber wegen meiner Krankheit nicht gehen. Sei gewiss, Gabriel, die Schrift wird ihren Weg machen.» – «Ich stehe mich gut mit Vizedirektor Guadet. Ich werde ihn zu dir bringen, dann vermagst du ihn gewiss zu überzeugen, und es gäbe eine neue Chance für die Punktschrift. Er ist zwar Literat und versteht nicht viel von Pädagogik, hat aber ein warmes Herz.»

So verblieben die Freunde. Für Louis war das Geschehene ein großer Schmerz und brachte schlaflose Nächte. Es war die Musik, bei der er immer wieder Trost und Freude fand.

Das Gespräch mit Dr. Guadet

Gabriel hatte beim Vizedirektor schon vorgearbeitet, aber dann brachte er ihn in freien Stunden zu Louis Braille. Dieser war nun 34 Jahre alt, und sein Schicksal hatte ihn zu voller, reifer Menschlichkeit gebildet. Nach der herzlichen Begrüßung fragte Dr. Guadet: «Wie kamen Sie darauf, Monsieur Braille, eine eigene Schrift zu entwickeln?» Und nun erzählte Louis. «Der vor zwei Jahren verstorbene Hauptmann Barbier hat mich auf die Möglichkeit einer zu ertastenden Schrift mit erhabenen Punkten angeregt. Ich war zwölf Jahre alt. Da er aber sehend war, hatte Barbier alles im Kopf ausgedacht, viel zu kompliziert. Ich dagegen ließ meine Finger suchen. Gabriel kann ihnen bestätigen, ich war wie besessen in diesem Suchen nach einer einfachen Punktschrift, bei Tag und bei Nacht. – Sie wissen vom Würfelspiel: bis zu sechs Punkten erfasst man eine Zahl auf einen Blick. Was an Punkten darüber geht, muss man zählen. So hat mein Alphabet nur sechs Punkte.» Und nun entwickelte Louis vor Dr. Guadets Augen mit Papier und Stichel das A B C und die Zusatzlaute im Französischen. Dann gab er ihm den Stichel in die Hand und ließ ihn selbst einige Laute und Worte stechen. Dann schlug er vor: «Sie können Gabriel einen Text diktieren. Er punktet ihn, und derweil gehe ich draußen im Gang ein wenig spazieren.» Louis erhob sich und verschwand lächelnd zur Tür hinaus. Dr. Guadet machte das Spiel mit, und er diktierte Gabriel:

Unserm alten Haus
macht man den Garaus.
Das neue Heim soll bringen
Gesundheit, Kraft und Freude.

Dr. Guadet wunderte sich, wie rasch Gabriel ihm vom Mund weg die Worte stichelte. Er holte den Freund herein, überreichte ihm das Blatt. Die Finger tasteten, und der Spruch erklang fließend. Louis ergänzte: «Und welche Freude wäre es für die Blinden, wenn sie im neuen Haus punkten dürften!» Dr. Guadet lächelte sinnend. Im Grunde war er in dieser Stunde von der Güte der Braille-Schrift voll überzeugt worden. Er überlegte schon, wie er Dr. Dufau umstimmen könnte. Als er sich verabschiedet hatte, sagte Louis zu Gabriel: «Dr. Guadet strahlt gutes Interesse aus. Ich habe neue Hoffnung.»

Die Hoffnung war berechtigt. Dr. Guadet begann bei Dufau die Schrift zu loben. Er wusste, dass sogar der König Louis Philippe bei der Eröffnung der Gewerbeausstellung in Paris, wo die Schrift vorgestellt worden war, anerkennende Worte für die Braille-Schrift gefunden hatte. Er gab zu bedenken: «Die Schrift ist auch für andere Sprachen verwendbar. Wollen Sie nicht dabei sein, wenn sie von Frankreich aus in andere Länder ihren Siegeszug antritt? Es wäre eine Gelegenheit, mit der Eröffnung des neuen Heimes die neue Schrift einzuführen.» So rührte Dr. Guadet etwas an den Ehrgeiz von Dufau.

Die erstaunliche Wandlung des Dr. Dufau geschah in einigen Monaten. Tatsächlich, bei der Eröffnungsfeier des neuen Heimes sollte die Kehrtwendung in Erscheinung treten. Zur Feier hatte Dr. Guadet besondere Veranstaltungen vorbereitet, von denen wir hören werden.

Im neuen Heim

Der große, geräumige Bau des Blindenheimes war im Februar 1844 vollendet. Zur Einweihung kamen Vertreter der Behörden und Personen des öffentlichen Lebens, Förderer und ein zahlreiches interessiertes Publikum. Alle Blinden und die Lehrer waren anwesend. Dr. Guadet hatte Louis gebeten, vorne Platz zu nehmen. Nach einigen feierlichen Reden und Dank durch Direktor Dufau an die Behörden und Bauleute, ergriff Dr. Guadet das Wort. Nach einer kleinen Einleitung führte er aus:

«Mit dem Einzug ins neue Heim soll hier eine Blindenschrift eingeführt werden, die ein langjähriger Insasse unseres Heimes erfunden hat. Sie ermöglicht es, auf festes Papier mit Punktschrift jeden Text zu schreiben, und die feinfühligen Finger unserer Blinden können das wieder fließend lesen.»

Er nahm ein blindes Mädchen, Juliette, aus der vorderen Reihe, führte es an ein Tischchen, wo Schreibmaterial lag, und nun wandte er sich an eine Dame aus dem Publikum: «Madame Portenier, bitte würden Sie dem Mädchen einen Satz diktieren?» Die Dame erhob sich, sann einen Moment nach und sprach: «Auf einen weißen Raben hacken alle schwarzen.» Alles lachte. Juliette schrieb auf. Nun sagte Dr. Guadet: «Draußen

vor der Tür wartet Rosine. Bitte führt sie herein!» Man übergab dem Mädchen das Blatt auf dem Tisch. Es fuhr mit den Fingern darüber, und mit lauter Stimme rief es: «Auf einen weißen Raben hacken alle schwarzen.» Das Publikum klatschte erfreut. Nun ließ Guadet durch einen Blinden eine Melodie aufschreiben, die ein im Saal anwesender Musiker diktierte. Wiederum holte man von draußen einen jungen Blinden. Er betastete das Blatt und sang mit heller Stimme die Melodie. Das Publikum war begeistert. Dr. Guadet trat zu Louis, nahm ihn bei der Hand, führte ihn aufs Podium und sprach: «Verehrte Festgemeinde! Dies alles verdanken wir dem Erfinder dieser Blindenschrift, dem bescheidenen Louis Braille!»

Neuer Applaus erhob sich. Dr. Guadet fuhr fort: «Und nun darf ich verkünden, auch im Namen unseres geschätzten Direktors Dr. Dufau, dass hier im neuen Heim ab morgen die Braille-Schrift im Unterricht verwendet wird. Eine Pioniertat unter Dr. Dufau.» Jetzt aber kam auch starker Beifall von den blinden Schülern, nicht für Dr. Dufau, sondern für die Braille-Schrift.

Louis war tief ergriffen, dass dank Dr. Guadet nun endlich ein Durchbruch gelungen war. Um der Sache Gewicht zu geben, schrieb Dr. Guadet nach dieser Einweihungsfeier eine Broschüre, in der seine Rede zur Braille-Schrift wiedergegeben war, erweitert um positive Gesichtspunkte und ehrendes Lob für den Erfinder. Diese Schrift wurde gedruckt und verbreitet.

Vom Jahre 1847 an wurde eine Braille-Druckerpresse betätigt, die Bücher in Blindenschrift herstellen konnte.

Da Louis' Lungenkrankheit fortschritt, musste er oft längere Zeit das Bett hüten, von wo aus er mit früheren Schülern des Heimes in Blindenschrift korrespondierte. Noch einmal schwang sich sein Lebenswille auf, sodass sein Arzt ihm erlaubte, wöchentlich einige Unterrichtsstunden zu halten. Er musste leise sprechen, um seine Lungen zu schonen, aber die Schüler liebten seinen Unterricht.

Dr. Dufau hatte seine feindliche Haltung völlig aufgegeben. Er bemühte sich sogar um die Verbesserung der Blindenbuch-Produktion. Das System begann sich in Europa auszubreiten, um nach und nach die Welt zu erobern. Welche Mühen, Enttäuschungen, Schmerzen hatte Louis Braille auf dem langen Weg dorthin auf sich genommen! Das Ziel war erreicht. Körperlich zerbrochen, geistig-seelisch im Glück, davon war die letzte kurze Lebenszeit gezeichnet, die ihm noch beschert war. Sein Zimmer wurde mehr und mehr zum Krankenzimmer. Er freute sich über jeden Besuch, auch von Schülern, und oft war Heiterkeit um ihn und seine Besucher.

Der Abschied

Im Dezember 1851 erlitt Louis Braille eine schwere Erkältung. Von Zeit zu Zeit hustete er Blut aus der Lunge. Louis fühlte, dass sein Leben bald enden würde. Er bat Coltat, einen Freund, der ihn auch pflegte, den Heimpriester herbeizurufen, dass er ihm die Sterbesakramente reiche. Coltat schildert, wie er in tiefer Ruhe und Ehrfurcht die Sakramente entgegennahm. Louis muss bei dieser feierlichen Handlung eine Entrückung in geistiges Schauen erlebt haben, denn er schrieb am folgenden Tag darüber an seinen Freund Gabriel Folgendes:

«Der gestrige Tag ist einer der schönsten und größten in meinem Leben! Wenn man das erlebt hat, versteht man die Tiefe und Größe der Religion. Oh, unergründliches Mysterium des Menschenlebens. Ich bin überzeugt, dass meine Aufgabe auf Erden beendet ist. Ich habe die höchsten Wonnen erfahren. Gott hat aufglänzen lassen in meinen Augen (!) die Helligkeit der Ewigkeit. Nach alledem scheint es, dass nichts mehr mich an die Erde bindet. Nun gut! Ich bat Gott, es ist wahr, mich von der Welt wegzunehmen; aber ich fühlte, dass meine Bitte nicht stark war …»

Und warum war diese Bitte nicht stark? Louis liebte

die Menschen, die Freunde, die Musik, das Leben mit allen Freuden und Kämpfen.

Er ließ den Notar kommen und diktierte sein Testament mit einer Sachlichkeit, als bereite er sich auf eine Reise vor. Die vielen Schuldzettel von ausgeliehenem Geld an Freunde und Bedürftige, die in einem Kasten verstaut waren, sollten verbrannt werden. Alles ersparte Geld verschenkte er an Freunde und an die noch lebende Mutter. Sie konnte aus Altersgründen nicht zu ihm kommen.

Am 4. Januar, zwei Tage vor seinem Sterben, feierten die blinden Freunde Louis' Geburtstag mit Gesang. Coltat berichtet über den Sterbetag: Der 6. Januar, *Dreikönigstag*, sollte sein erhabenster Tag sein. Louis bat den Priester, dass er den Anwesenden den Sinn von Gold, Weihrauch und Myrrhe erkläre, weil an diesem Tag die Magier *dem* Geschenke brachten, den sie im Stern des Ostens hatten aufglänzen sehen. Der Priester sprach: «Im Golde verehren wir die Weisheit, das Licht der Welt, das sonnenhaft alles Erdensein durchstrahlt. Im Weihrauch erleben wir die Herzens-Frömmigkeit. Sie verbindet als Liebe und Freundschaft die Menschen mit Gott. Die bittere Myrrhe weist auf Erdenschmerz, Krankheit und Tod und auf ihre Überwindung durch *Jesus Christus.*»

Nach diesen Worten gab der Priester dem Scheidenden die letzte Ölung. Die anwesenden Freunde umarmten einer nach dem andern den Sterbenden. Er konnte nicht mehr sprechen, aber für jeden bewegte er die Lippen, als ob er ihm noch etwas Liebes sagen wollte; dann löste sich seine Seele aus dem schmerzgeprüften Leib.

Sein Zimmer verwandelte sich in einen Weiheraum. Die Schüler des Heimes kamen in kleinen Gruppen, beteten und nahmen Abschied; denn von allen war er geliebt. Auch Dr. Pignier, der frühere väterliche Direktor, kam und weilte lange beim Verstorbenen.

Die sterblichen Reste wurden auf Bitte von Brailles Familie auf dem Friedhof von Coupvray bestattet. Seine gute Mutter überlebte ihren Sohn.

Später Ruhm

Was war das für ein Feuer in Louis Braille, das ihn schon als Knaben für dieses Leben zu seinem Ziel befeuerte, für die Blinden eine lesbare Schrift zu erfinden, mit der man auch Bücher drucken konnte? Ohne seine Gesundheit zu schonen, gegen viele Widerstände, war er über Jahre unablässig daran, das Punkt-Alphabet und die Musik-Schrift für Blinde zu schaffen. Nun konnte die Welt ernten.

1878 wurde auf einem Kongress in Paris die Braille-Schrift offiziell zur internationalen Methode für den Unterricht in Blindenschulen erklärt. Sie fand Eingang in Völker und Sprachen rund um die Welt.

1887, als sich sein Tod zum fünfunddreißigsten Mal jährte, versammelten sich Tausende von Menschen in Coupvray. Es sollte das von blinden Freunden gestiftete Denkmal enthüllt werden. Es war auf dem Dorfplatz aufgerichtet, der nun «Place Louis Braille» hieß. Da wo der kleine Louis mit seinem Stecken durchs Dorf geschritten war, zum Bäcker, zum Schmied, zum Pfarrhaus, hatte man die Häuser mit Girlanden und Fahnen geschmückt. Einem Blinden, Maurice La Siceranne, hatte man eine Rede übertragen. Er sprach:

«In dem Augenblick, wo wir uns anschicken, das

freundliche Dorf zu verlassen, wo unser Wohltäter mit Vorliebe weilte, glaube ich, unserem Braille einen besonderen, aus innerstem Herzen kommenden Dank darzubringen. Soeben komme ich zurück von einer Reise durch Frankreich … wo die Bildung der Blinden ihren Anfang genommen hat. Da habe ich Hunderte von Blinden in allen Lebenslagen getroffen. Sie waren alle unterrichtet und geübt im Lesen der Punktschrift, sowohl der einfache blinde Netzflicker am Ufer des Meeres und der bescheidene Arbeiter der Vorstadt als auch der Gelehrte in der Stadt und der Organist der Dorfkirche. Sie alle rufen oder singen heute unhörbar: Braille, wir danken Gott, dass er dich uns geschickt hat! Was wir sind, verdanken wir dir …»

Ein anderer Redner fand die Worte: «Aus seinem Unglück (in der Werkstatt), aus dem Unglück der Familie erwuchs ein Glück für Millionen.»

1952, hundert Jahre nach Brailles Tod, lud die französische Regierung blinde Menschen aus allen Ländern der Erde nach Paris zu einer Gedenk- und Festwoche ein. Der Erzbischof zelebrierte die große Gedenkmesse für Louis Braille in Frankreichs berühmtester Kathedrale, Notre-Dame in Paris.

Die auf dem Friedhof in Coupvray ausgegrabenen Gebeine des Gefeierten wurden in einen Sarg gelegt, damit sie neben den berühmtesten Persönlichkeiten der Nation im Invalidendom in Paris bestattet würden. Nur die Hände des Erfinders wurden auf Wunsch des Bürgermeisters von Coupvray in einer Urne aus weißem Marmor wieder in seinem Grab bei der Dorfkirche bestattet.

Die Beisetzung im Pantheon geschah mit dem großen Staatsritual Frankreichs. Der Staatspräsident, Behörden, Gelehrte, Militär, Delegationen waren anwesend. Die Stadtkapelle spielte, und dann folgte eine lange Prozession hinter dem Sarg: blinde Kinder, Jünglinge, Mädchen, Frauen, Männer und Greise aus aller Welt, darunter die berühmte blinde Miss Helen Keller aus Amerika.

In der Grabkammer (Nr. 25) des Pantheon wurde als einziger Schmuck ein Lorbeerkranz aufgehängt, dessen Schleife die Aufschrift trägt:

LOUIS BRAILLE – LES AVEUGLES DU MONDE

Louis Braille – die Blinden der Welt

Literatur zu Louis Braille

Bickel, Lennard:
Triumph over darkness. The life of Louis Braille.
Sydney 1988.

Christiaens, J.:
Le vainqueur de la nuit ou la vie de Louis Braille.
Paris 1965.

Davidson, Margaret:
Louis Braille. The Boy Who Invented Books for the Blind.
New York 1971.

Davidson, Margaret:
Louis Braille. Der Junge, der die Blindenschrift erfand.
Aus dem Englischen von Angelika Feilhauer.
Buxtehude 1994.

Dombrowsky, Jocelyne:
Louis Braille, l'enfant de la nuit.
Schülerdruckerei Manufaktur. Ottersberg 1992.

Heimers, Wilhelm:
Louis Braille. Sein Leben und Werk.
Hannover-Kirchrode 1975.

Henri, Pierre:
La vie et l'oeuvre de Louis Braille,
inventeur de l'alphabet des aveugles 1809-1852.
Paris 1952.

Roblin, Jean:
Les doigts qui lisent: Vie de Louis Braille 1809-1852.
Monte Carlo 1951.

Roblin, Jean:
Louis Braille. Festschrift.
Royal National Institute fot the Blind. London.